책
사랑하는
아이
부모가
만든다

책 사랑하는 아이 부모가 만든다

초판 1쇄 ㅣ 2013년 8월 14일
지은이 ㅣ 이주영
펴낸이 ㅣ 조영진
펴낸곳 ㅣ 고래가숨쉬는도서관
출판등록 ㅣ 제406-2012-000082호
주소 ㅣ 경기도 파주시 문발로 115, 302호 (문발동, 세종출판벤처타운)
전화 ㅣ 031-944-9680 팩스 031-945-9680
홈페이지 www.goraebook.com

값은 뒤표지에 적혀 있습니다.
잘못 만든 책은 구입하신 서점에서 바꾸어 드립니다.
책의 내용과 그림은 저자나 출판사의 서면 동의 없이 마음대로 쓸 수 없습니다.

ISBN 978-89-97165-46-9 03020

이 도서의 국립중앙도서관 출판시도서목록(CIP)은 서지정보유통지원시스템 홈페이지
(http://seoji.nl.go.kr)와 국가자료공동목록시스템(http://www.nl.go.kr/kolisnet)에서
이용하실 수 있습니다. (CIP제어번호 : CIP2013012828)

책
사랑하는
아이
부모가
만든다

코래카
숨 쉬는
도서관

머리말

우리 아이들이 삶을 알차고 풍요롭게 가꾸기 위해서 독서가 중요하다는 건 누구나 인정합니다. 그러나 안타깝게도 아이들이 책을 좋아하게 하고, 평생 책을 벗으로 삼을 수 있는 독서 문화를 어떻게 만들어야 할지는 잘 모릅니다. 독서 문화 만들기란 책과 함께 살아가는 생활문화를 만드는 일입니다. 곧 독서를 햇볕이나 바람이나 흙처럼 자연스럽게 우리 삶을 가꾸는 요소로 만들자는 것입니다. 가정과 학교와 사회가 이런 독서 문화를 어떻게 만들어 가느냐에 따라 우리 어린이들과 어린이들이 살아갈 미래 사회가 달라질 거라고 생각하면서 이 글을 썼습니다.

1부와 2부는 학급 독서 문화를 만들기 위해서 우리 반 아이들과 직접 해 보았던 경험을 바탕으로 쓴 글입니다. 3부, 4부, 5부는 1980년 어린이도서연구회를 만들어 30여 년 동안 활동하면서 주로 했던 권장 도서 목록 만들기 경험을 바탕으로 쓴 글입니다. 10여 년 전에 주간 〈노동일보〉에서 이러한 경험을 학부모한테도 알려서 가정에서 부모와 자녀가 함께 독서 문화를 가꾸면 좋겠다는 부탁을 해서 이 글을 쓰게 되었습니다. 1년 6개월 동안 매주 한 편씩 썼습니다. 2002년 『어린이에게 좋은 책을』(너른들)이라는 제목으로 출판했고, 2011년에 그 가운데서 50편을 골라서 전자책으로 내게 되었습니다. 이를 조금 더 보완해서 이번에 다시 책을 내게 되었습니다.

　　이번에 내는 책은 2012년 1학기에 경민대학교 독서콘텐츠학과 3, 4학년 학생들과 수업을 하면서 함께 작업을 했습니다. 학생들이 전자책을 읽은 다음에 그에 대한 자기 의견을 써서 발표를 하고, 발표 내용에 대한 이야기를 나누면서 수정하거나 보완하였습니다. 주로 시대와 관계가 깊은 문화 현상의 변화나 그 이후 나온 책 가운데서 보태고 싶은 경우 첨삭을 했습니다. 주제를 정해서 쓴 과제에서도 몇 편 골라 실었습니다. 박수빈, 김수정, 김수연, 김주연, 한은경, 전보람, 유영준, 강보경 학생들이 좋은 의견을 많이 내주었고, 김은숙 학생은 의견을 종합 정리해서 수정까지 맡아 주었습니다. 고맙습니다.

이 책이 젊은 부모와 교사들에게 가정과 학교에서 독서 문화를 어떻게 만들어 갈 것인지, 겨레의 희망이며 인류의 미래인 우리 소중한 아이들이 어떤 책을 어떻게 만나게 도와줄 것인지, 그 문을 열고 들어가는 계기가 되기를 바랍니다. 나아가 젊은 세대에 맞는 새로운 가정 독서 문화와 학급 독서 문화를 창조하는 데 보탬이 되기를 기대합니다.

2013 여름　이주영

차례

1장

자녀와
함께하는
독서 문화

1

자녀와 함께 서점 나들이를 하자

아이가 책을 좋아하게 하는 방법은 크게 두 가지로 나눠서 생각할 수 있다. 하나는 독서 환경을 만들어 주는 것이고, 또 하나는 독서 지도를 하는 것이다. 독서 환경이란 '책을 좋아할 수 있는 문화와 여건'을 뜻하고, 독서 지도는 '책을 바르게 읽을 수 있는 힘을 길러 주는 방법을 가르침'을 뜻한다.

어린이들이 책 읽는 것을 좋아하게 하려면 먼저 독서 환경을 만들어 줘야 한다. 곧 집과 학교, 사회가 어린이들이 책을 좋아할 수 있는 문화를 만들어 주면 된다. 어린이들이 책 읽기를 즐길 수 있는 문화는 지금 이 땅의 어른들이 내일을 일구어 갈 '겨레의 희망인 어린이'들한테 만들어 줘야 할 가장 중요한 일 가운데 한 가지다.

집에서 자녀가 책을 좋아하게 할 수 있는 길이 무엇일까? 아주 작은 이야기들, 너무나 당연한 이야기들, 누구나 알고 있을 이야기들이지만 생활 속에서 되짚어 보면서 실천하면 좋을 이야기들을 한 꼭지씩 짚어 보려고 한다.

어린이도서연구회에서는 1980년대 초부터 "최소한 한 달에 한 번은 자녀와 함께 서점 나들이를 하자."는 운동을 펼쳐 왔다. 부모와 자녀가 손을 잡고 서점에서 함께 책을 고르는 모습을 상상해 보라. 얼마나 아름다운 모습인가?

서점 나들이는 몇 가지 좋은 점이 있다. 먼저 짧은 시간에 많은 책을 볼 수 있다. 서점에서 책을 고르는 한 시간 동안 수많은 책을 훑어볼 수 있다. 훑어보기는 정보화 시대에 꼭 필요한 독서 방법이다. 또 책을 선택할 수 있는 힘을 길러 준다. 수많은 책 가운데서 스스로 읽고 싶은 책을 고를 수 있는 능력을 어려서부터 자연스럽게 길러 줄 수 있는 것이다. 그리고 부모와 자녀가 공통된 대화거리를 마련할 수 있다. 요즘처럼 부모와 자녀가 생활의 장이 다를 때 함께 책을 고르면서, 또 고르고 나서, 그리고 책을 읽으면서 대화를 나눌 수 있게 된다.

자녀가 책을 좋아하게 하려면 어려서부터 최소한 한 달에 한 번은 서점을 찾는 생활문화를 만들어 주자.

● 서울 마포구 성산동 동네 책방 개똥이네 놀이터

2

책을 낱권으로 사 주자

요즘은 많이 달라졌지만, 어린이도서연구회가 활동을 시작하던 1980년 무렵에는 '어린이 책은 전집'이라는 생각이 널리 퍼져 있었다. 웬만한 집에서는 50권, 100권씩 묶어서 파는 전집을 샀다. 그 무렵에는 전집이 아니면 사기도 힘들었다. 낱권으로 파는 어린이 책이 거의 없었기 때문이다. 요즘은 대형 서점마다 어린이 책만 모아 놓은 자리가 마련되어 있고, 빠른 속도로 어린이 책 매장이 넓어지고 있고, 위치도 좋은 자리를 차지하고 있다. 그만큼 서점에서 책을 낱권으로 사 주는 부모가 늘었고, 어린이 스스로 와서 책을 사는 경우가 빠른 속도로 늘어나고 있기 때문이다.

왜 어린이도서연구회에서는 "자녀한테 묶어서 파는 전집보다는 낱권으로 파는 단행본을 사 줘야 한다."고 주장하는 걸까? 전집을 사 주면 원래 책을 좋아하는 책벌레를 빼고는 잘 읽지 않는다. 대개 몇 권 읽다가 만다. 그러고는 다 읽었다고 우기는 경우도 보았다. 몇 년씩 책장에 꽂아만 두고 한번 들춰 보지 않는 경우도 많다. 또 다양한 책을 선택할 수 있는 기회를 뺏는 결과가 된다. 요즘 소질 계발을 중요시하는 교육자는 악기 하나를 가르칠 때도 무조건 피아노나 바이올린을 가르치지 않는다. 여러 가지 악기를 자유롭게 가지고 놀게 한 다음에 그 아이가 가장 좋아하는 악기를 선택해서 가르친다. 마찬가지로 책도 어려서부터 여러 가지 종류를 자유롭게 볼 수 있는 기회를 줘야 한다. 그러다 차츰 자기가 좋아하는 분야가 생기게 되면 자연스럽게 그 분야의 책을 많이 보게 되고, 그 어린이의 삶에 큰 영향을 주게 된다.

‘겨레의 희망, 어린이한테 좋은 책을’ 마련해 주려면 전집보다는 단행본에
관심을 갖고, 단행본에 대한 정보를 모으고, 자녀가 다양한 종류의 책을 마음
껏 볼 수 있는 기회를 마련해 줘야 하겠다.

3

동화책과 함께하는 나들이

　얼마 전에 동대문역사박물관역에서 지하철 2호선을 탔는데, 타는 순간 참 흐뭇한 모습을 보았다. 초등학교 1학년쯤 되는 여자아이와 서너 살 정도 되는 남자아이와 젊은 어머니가 자리에 앉아 책을 읽고 있었다. 일부러 그 자리 앞으로 가서 그 모습을 지켜보았다. 여자아이는 사계절 출판사에서 나온 『재치가 배꼽 잡는 이야기』(조호상 글, 김성민 그림, 사계절)를 읽고 있고, 어머니는 어린 아들과 손바닥만 한 작은 그림책을 넘기면서 이야기를 주고받고 있었다. 보리 출판사에서 펴낸 『세밀화로 그린 보리 아기 그림책』(편집부 엮음, 이태수 그림, 보리)이었다. 그 모습이 다정스러운 데다가 주고받는 이야기가 무척 재미있어 나도 모르게 내 책은 건성으로 읽으면서 그 이야기에만 귀를 기울였다. 지하철이 한양대역을 지나 밖으로 나오자 어머니는 책을 덮고, 아들을 안아서 밖을 내다보면서 귓속말로 무슨 이야기인가 속삭여 준다. 아이는 왼손에 『세밀화로 그린 보리 아기 그림책』을 움켜쥐고는 흔들면서 연신 ‘키드득, 까르륵’ 웃는다. 그런데도 여자아이는 여전히 책만 읽고 있다. 성수역에서 그 식구들이 내려서 걸어가는 뒷모습을 보다가 문득 지하철을 돌아보고 싶었다. 한 칸씩 뒤쪽으로 휘적휘적 걸어가면서 찾았지만 찾을 수가 없었다. 자녀와 함께 책 읽는 부모를.

　책을 가지고 다니는 일이 처음에는 귀찮을 수도 있고, 우리 사회 풍토에서 멋쩍게 생각될 수도 있다. 그러나 습관이 되면 나중에는 책을 안 가지고 나가면 허전하고, 무언가 한 가지를 빼놓고 다니는 기분이 든다. 책을 가지고 나가서 한 번 펼쳐 보지도 못하고 올 때도 많다. 그렇지만 책을 들고 다니면 자기도 모르게 그 내용을 곱씹게 된다. 독서 환경을 제대로 만들려면 어디를 가더라도 책 한 권은 들고 다니는 생활문화를 만들 필요가 절실하다. 자녀와 함께하는 나들이라면 더욱 동화책 한 권 정도는 가지고 다니면 좋겠다. 당신의 자녀가 유아라면 손바닥만 한 그림책을 꼭 가지고 다니길 바란다.

세밀화로 그린 보리 아기 그림책
편집부 엮음 / 보리

4

자녀와 함께 가는 도서관 나들이

어린이도서연구회 월 회보인 《동화 읽는 어른》에 미하엘 엔데가 쓴 『모모』(한미희 옮김, 비룡소)에 대한 글을 쓰기 위해 우리 지역에 있는 송파구립도서관에 간 적이 있다. 어른들 책 서가에서 각각 다른 출판사에서 펴낸 『모모』 세 권을 찾아 빌리고, 어린이실에 있는 또 다른 출판사에서 펴낸 『모모』 두 권을 찾으러 들어갔다. 어린이실에 어른이 들어가서 책을 찾는데도 아무런 말이 없다. 너무나 당연한 일이다. 그러나 1990년대만 해도 시립어린이도서관에 동화책을 조사하러 갔다가 어른은 안 된다고 해서 쫓겨난 적도 있고, 어린이도서연구회 회원들이 어린이도서관에 갔다가 책을 보지도 못하고 쫓겨 나온 적도 있었다. 그러나 이제는 어느 도서관 어린이실도 어른이라고 해서 나가라고 하지 않는다. 오히려 자녀와 함께 오는 부모들을 반갑게 맞이하고 있다. 그날 송파구립도서관 어린이실에도 자녀와 함께 책을 읽고 있는 어머니가 한 명 있었다.

자녀와 함께 도서관에 간다는 게 사치처럼 느껴질 수도 있다. 그러나 사실은 도서관으로 나들이 가는 게 가장 실속 있는 일이다. 차비만 들면 되고, 시원한 냉방 시설이 갖춰진 곳에서 편하게 책을 읽고, 책을 읽다가 나무 그늘에서 쉴 수도 있으니까. 사실 국민 문화의 척도는 도서관이 얼마나 국민 생활문화의 중심에 서 있는가에 달려 있다고 해도 결코 지나친 말이 아니다. 그런데 우리나라는 도서관이 죽어 있었다. 지역 주민 독서 생활문화에 거의 기여하지 못하고 있었다. 요즘은 각 지방 자치단체마다 공공 도서관 활성화에 관심을 갖고 있다. 또 공공 도서관을 이용하는 인구도 점차 늘고 있다. 도서관을 살리는 길은 지역 주민들이 도서관을 적극 이용하는 방법밖에는 없다. 적극 이용하고, 이용하기 좋은 방법을 적극 제안하고, 필요한 책을 사 놓으라고 적극 요구해야 한다. 지역 도서관을 살리는 것은 우리 어린이들을 위한 좋은 독서 환경을 만들어 주는 지름길이다. 그 지름길은 바로 자녀와 함께 손잡고 도서관 나들이를 하는 부모들이 늘어나는 것이다.

모모
미하엘 엔데 글 / 비룡소

5

독서 여행을 떠나자 1

"우리 집은 부산입니다. 선생님이 권장하신 독서 여행을 하고 싶습니다. 어떻게 해야 하는지 자세히 알고 싶습니다."

독서 여행은 목적이나 방법에 따라 여러 가지가 있다. 특정 작가의 책을 읽은 다음에 그 작가를 찾아가서 만나 보는 여행, 돌아가신 분이라면 그분이 살던 지역이나 활동했던 지역을 돌아보는 여행, 책에 나와 있는 지명을 따라 돌아보는 여행, 책 내용과 관계가 있는 유적지나 명승지를 탐방하는 여행이 있다. 처음이라면 너무 먼 거리보다는 가까운 거리를 선택해서 다녀오라고 권하고 싶다.

독서 여행을 하려면 먼저 그 지역과 연고가 있는 어린이 문학 작가와 책을 찾아봐야 한다. 어린이도서연구회 누리집에 들어가서 지역 모임을 찾아보고, 자기 지역에 있는 지역 모임에 문의하면 도움을 받을 수 있다. 살고 있는 지역에 모임이 없으면 게시판에 문의 사항을 올리면 도움을 받을 수 있다.

부산이라면 이주홍 동화를 읽고, 이주홍문학관 견학을 해도 좋고, 『숲 속 나라』(이원수 글, 김원희 그림, 웅진주니어)를 읽은 다음에 마산에 있는 이원수문학관이나 양산에 있는 이원수노래비를 돌아봐도 좋겠다. 이원수문학관에서는 토요일마다 이원수 문학 답사 행사를 하고, 단체가 신청을 하면 언제든지 반갑게 안내를 하고 있다. 조금 멀리 간다면 '태백산 호랑이 신돌석'에 대한 책을 보면서 신돌석이 12년 동안 항일운동을 했던 울진·영해 지역을 돌아보면서 관광을 해도 좋겠다.

　수도권에 살고 있는 5~6학년 어린이라면 『심학산 아이들』(노경실 글, 임향한 그림, 사계절)을 권해 보고 싶다. 동화작가 노경실이 심학산을 오르내리면서 구상해 쓴 이 동화 속의 주인공들은 고민과 갈등, 여러 가지 어려움을 씩씩하게 이겨 내며 자란다. 심학산에 올라 넓은 한강을 내려다보면서, 파주 출판단지 사계절 출판사 1층에 있는 책놀이터 행사에 참여하고, 작품 속 주인공 아이들이 올랐던 심학산에 올라 둘레길을 걸으며 책 이야기를 나눌 수도 있다. 『마당을 나온 암탉』(황선미 글, 김환영 그림, 사계절)을 읽었다면 정말 큰 양계장이 있는 농원을 찾아가 보는 것도 좋다. 소나 돼지나 닭을 모두 좁은 우리에 가두고 키우는 것이 얼마나 보기 흉하고 인간이 짐승들한테 죄를 짓는 일인지, 그 짐승들이 자유를 찾기를 바라는 소망을 마음에 품을 수 있는 기회가 된다면 얼마나 좋을까.

심학산 아이들
노경실 글 / 사계절

6

독서 여행을 떠나자 2

앞에서 '독서 여행을 떠나자'는 글을 쓸 때만 하더라도 가족이나 학급 단위로 독서 여행을 할 수 있는 곳이나 기회가 별로 없었다. 1990년대 어린이도서연구회에서 주최하던 '이원수문학을 찾아서' 같은 작가 탐방 여행이 어린이를 대상으로 하는 문학 기행의 시작이었다. 최근에는 작가 탐방을 할 수 있는 곳이나 독서 여행을 하기 좋은 책들이 상당히 많아졌다.

마산에 있는 이원수문학관에서는 달마다 이원수 문학 기행을 주관하고 있고, 신청하면 직원이나 자원봉사자들의 도움을 받을 수 있다. 권정생어린이재단에서도 안동에 권정생기념관을 만들고, 살던 집을 누구나 돌아볼 수 있게 하였다. 충주에 있는 이오덕 학교에서는 이오덕 도서관을 만들어서 자료를 볼 수 있도록 해 놓았고, 탄금대에 있는 권태응 시비와 함께 문학 기행을 할 수 있도록 하고 있다.

또한 역사와 문학이 합쳐진 체험 활동은 역사에 대한 관심과 책에 대한 흥미를 높여 줄 수 있다. 경주로 수학여행을 갈 때 『서라벌의 꿈』(배유안 글, 허구 그림, 푸른숲주니어)을 들고 간다면, 그 여행으로 느낄 수 있는 깊이가 훨씬 더 깊어질 수 있다. 『채채의 그림자 정원』(이향안 글, 호랑 그림, 현암사)은 임진왜란 중에 조선 전주사고를 지키기 위해 힘을 모았던 사실을 생생하게 재현하였다. 내장산 용굴과 모악산과 전주사고를 연계하는 역사 기행을 하기에 좋다.

『조선의 마지막 군마』(김일광 글, 내인생의책)를 읽고 영일만과 호미곶, 장기목장을 돌아보면서 근대사에 대한 관심을 높일 수 있을 것이다. 『선들내는 아직도 흐르네』(김우경 글, 이승민 그림, 문학과지성사)를 읽고, 그 역사 배경이 되는 일본군 위안부에 대해 알아보고 지역 배경이 되는 산청을 돌아보는 것도 의미가 있겠다.

작가 탐방과 서해안 바닷가 마을 체험 활동을 엮은 독서 여행을 짜기에 좋은 책으로는 『낙지가 돌아왔다』(홍종의 글, 양상용 그림, 한림출판사)와 『할머니, 어디가요? 쑥 뜨러 간다!』(조혜란 글·그림, 보리)가 있다. 『낙지가 돌아왔다』는 태안반도 기름 유출 사건을 소재로 하면서도 서해 바닷가 아이들이 살아가는 모습을 잘 담아냈다. 『할머니 어디가요?』역시 서해안 바닷가 마을을 배경으로 살아가는 여러 가지 생활 모습을 잘 담아낸 그림책이다.

독서와 여행을 하나로 묶어 줄 수 있는 책은 얼마든지 있다. 우리가 책에 관심을 갖고, 책과 함께하는 체험 활동을 어린이들한테 만들어 주기 위해 노력하려고 마음만 먹으면 얼마든지 알차고 다양하게 만들어 낼 수 있는 것이 독서 여행이다.

채채의 그림자 정원
이향안 글 / 현암사

7
책 선물하기

‘아이들한테 책을 선물하라고? 책을 선물하는 게 좋다는 걸 누가 모르나? 그러나 책을 선물한다고 하면 아이들이 좋아하지 않을 텐데…….’

하면서 망설일 학부모가 많을 것 같다. 그러나 어떤 선물이든지 주는 사람의 정성이 깃들어 있다면 받는 사람이 싫어할 까닭이 없다.

요즘 우리 사회는 책을 선물하는 습관이 일상화되어 있지 않다. 사실 우리 사회의 문화 수준이 높아지려면 일상생활 속에서 자연스럽게 책을 선물로 주고받는 습관이 자리 잡아야 할 것이다. 예전에는 책이 참 소중한 선물이었다. 그런 좋은 전통을 되살려야 할 것 같다.

자녀의 생일이나 명절 때 부모가 자녀한테 그때그때 어울리는 책 한 권을 선물할 수 있으면 좋겠다. 과학자가 되기를 꿈꾸는 어린이라면 『애들아, 정말 과학자가 되고 싶니?』(김성화·권수진 글, 이윤하 그림, 풀빛) 한 권을 사서 하얀 속지에

사랑하는 ○○야, 너의 ○○번째 생일을 축하한다.

오늘 서점에서 이 책을 고르면서 과학자가 되고 싶다는 네 꿈이 꼭 이뤄지길

기원했단다. 자연과 생명을 사랑하는 과학자가 되기를…….

위와 같은 말을 써서 주면, 어린이가 이런 책 선물을 싫어할 까닭이 없다. 화가가 되고 싶은 어린이한테는 좋은 그림을 모은 책이나 『꿈꾸는 징검돌–화

가 박수근 이야기』(김용철 글·그림, 사계절)처럼 화가의 삶이 담긴 책을, 축구 선수가 되고 싶은 어린이한테는 축구에 관계된 책을 선물로 줄 수 있다. 이렇게 자녀의 꿈·희망·소질·취미에 관계된 책을 생일 선물로 받은 어린이는 진정한 책 친구가 될 것이다.

명절에도 책 한 권을 선물하는 풍속을 만들면 어떨까? 추석에는 우리 음식 이야기나 조상의 생활 이야기가 담긴 책, 개천절에는 단군 신화나 우리 겨레의 신화가 담긴 책, 한글날에는 세종대왕 이야기나 한글 이야기가 담긴 책 한 권을 고르고, 그 책을 고른 부모 마음을 한두 줄 써서 선물하면 좋겠다.

이렇게 생일·명절·행사 때 그 뜻을 살릴 수 있는 책을 선물하는 풍속이 우리 사회에 자리 잡을 수 있다면 우리 겨레의 내일을 믿어도 좋을 것이다.

꿈꾸는 징검돌
김용철 글 / 사계절

설에 권하고 싶은 책

"초등학교 2학년과 5학년 어린이한테 설을 맞아 책 선물을 하고 싶습니다. 알맞은 책을 알려 주세요."

설빔으로 책을 선물하고 싶다니 참 반가운 일이다. 설빔으로 책만 줄 수야 없겠지만, 최소한 책 한 권 정도는 설빔 품목에 포함시킬 줄 아는 부모가 많아지면 좋겠다.

우리 겨레는 추석이나 설 같은 큰 명절에는 어른들이 어린이들한테 선물을 하는 좋은 풍습이 있었다. 주로 옷이나 신발이었다. 이렇게 설을 맞아 주는 선물을 설빔이라고 했다.

그런데 언제부턴가 세뱃돈을 주는 풍습이 생겼다. 그 액수도 점점 많아져서 어린이들한테 좋지 않은 영향을 주기도 한다. 어린이들이 설의 참뜻을 새기면서 진심으로 집안 행사에 참여하려는 마음은 전혀 없이 세뱃돈이나 챙기는 날처럼 여기기도 하고, 세뱃돈을 기준으로 집안 어른들을 대하는 태도가 달라지는 어처구니없는 행태마저 조장하고 있다. 참 안타까운 일이다.

이제는 우리 설을 되찾았으니 설빔도 그 참뜻을 되찾아야 할 것 같다. 요즘은 옛날과 달리 옷이나 신발은 새로 살 필요가 없으니 무언가 사 줄 새로운 선물이 있어야 할 것 같다. 우리 겨레의 새로운 설빔으로 자리매김할 물건이 무엇이 있을까?

해마다 새로운 설빔으로 자리매김하기에 가장 좋은 것은 역시 책이 아닐까 생각한다. 우리 겨레의 높은 교육열에 걸맞게 설빔도 좋은 책으로 선물하고,

현금은 집안 어른들이 의논해서 약소하게 줬으면 좋겠다.

　이왕이면 설의 참뜻을 되새김할 수 있는 내용이 담긴 책이라면 더 좋겠다. 우리 겨레의 풍습을 소개하는 책, 조상의 지혜를 소개한 책, 설의 유래를 알려 주는 책이 좋을 것 같다. 저학년이라면 사계절 출판사에서 펴낸 '우리 문화 그림책' 시리즈 중『설빔－여자아이 고운 옷』(배현주 글·그림),『설빔－남자아이 멋진 옷』(배현주 글·그림)과 보림 출판사에서 펴낸『떡 잔치』(강인희 글, 정대영 그림)를 비롯한 전통 과학과 문화를 조명한 시리즈, 고학년이라면 주니어중앙에서 펴낸『신나는 열두 달 명절 이야기』(우리누리 글, 김병하 그림)나『신토불이 우리 음식』(우리누리 글, 최서영 그림) 같은 책을 권하고 싶다. 초등학교를 입학하는 자녀라면 어린이 월간 잡지《개똥이네 놀이터》(보리) 정기 구독을 시켜 주는 것도 참 좋은 설빔이 되겠다.

신토불이 우리 음식
우리누리 글 / 주니어중앙

9

연말연시에 어떤 책을 선물할까

"자녀에게 명절 때 책을 선물하라고 하셨는데, 연말연시에는 어떤 책을 선물하면 좋을까요?"

명절이나 기념을 할 만한 날에 자녀한테 좋은 책을 선물할 수 있는 부모가 되자는 글을 쓴 적이 있는데, 연말연시를 맞이하여 어떤 책을 권장하면 좋겠느냐는 질문이 있었다. 가끔 대형 서점 어린이 책 코너에 가 보는데, 요즘은 자녀와 함께 책을 사러 오는 부모가 많아졌다. 또 40대 전·후반 부모들이 어린이 책을 사러 오는 모습도 흔히 볼 수 있게 되었다. 참 좋은 현상이라고 생각한다. 그런데 막상 손에 골라 드는 책을 보면 실망할 때가 많다. 아직도 많은 부모들이 『○○ 특급』 같은 흥미 위주의 책, 『○○를 ○○주세요』, 『출동 ○○맨』처럼 유행에 민감한 책을 고르는 경우를 보면 실망스럽다.

연말연시를 맞이하여 선물하는 책이라면 어려운 사람이나 이웃을 돌아볼 수 있는 책, 문학 작품을 골라 주면 좋겠다. 『아주 특별한 우리 형』(고정욱 글, 송진헌 그림, 대교출판)처럼 장애인 형과 동생 사이에 일어나는 심리적 갈등과 이를 극복하는 과정을 통해 장애인에 대한 올바른 시각과 가족의 소중함을 느낄 수 있고, 『강아지똥』(권정생 글, 정승각 그림, 길벗어린이)처럼 남을 위해 희생하는 과정을 통해 자신의 존재 가치를 깨닫는 이야기를 아름답게 담아낸 동화들이 좋겠다. 『아주 특별한 우리 형』은 초등학교 3학년 이상, 『강아지똥』은 초등학교 1학년이라도 재미있게 읽을 수 있는 작품이다.

서점까지 와서 『○○특공대』, 『○○수비대』처럼 전쟁놀이 책을 사 가는 아버지들도 있다. 전쟁 무기 장난감을 들고 설치는 어린이들을 보는 것도 슬픈 현실이지만, 더 안타까운 일은 이처럼 전쟁과 무자비한 영웅을 그려 낸 책을 재미있어 하는 어린이를 보는 일이다. 어린이들은 주인공과 자신을 동일시하는 경향이 아주 강하다. 그런 어린이들한테 전쟁놀이 책을 선물하는 부모의 정신 상태가 의심스럽다.

자녀에게 좋은 책을 골라 줄 수 있는 부모, 어린이의 마음에 양식이 될 수 있는 책을 골라 줄 수 있는 어른이 정말 필요한 시대다.

강아지똥
권정생 글 / 길벗어린이

10

책 읽어 주기

2000년대 들어서면서부터 어린이도서연구회에서 책 읽어 주기 운동을 적극 펼치고 있다. 어린이책시민연대, 학교도서관문화네트워크, 도서관친구들 같은 여러 어린이 독서 운동 단체들이 책 읽어 주기 운동을 활발하게 펼치고 있다. 책 읽어 주기는 어린이들한테 부모가 해 줄 수 있는 가장 좋은 일 가운데 하나다. 책을 읽어 주는 과정에서 어른과 어린이가 함께 즐길 수 있고, 어린이들이 독서 세계로 자연스럽게 발을 내딛을 수 있고, 평생을 책과 함께 사는 길을 열어 주는 첫 문이 되기 때문이다.

미국 할리우드 영화는 철학이나 예술성이 부족하다고 보는 견해가 많다. 그런데 할리우드 영화를 보면서 한 가지 흥미로운 점이 있는데, 어린 아이가 주인공이거나 주요 인물로 등장하는 영화에서는 대개 어린이가 침대에서 잠들기 전에 책을 읽어 주는 장면이 잠깐이라도 등장한다는 것이다. 심지어 여자아이를 유괴한 범인 중 한 명이 여자아이한테 책을 읽어 주는 경우도 보았다. 할리우드 영화계에서 어린 아이가 등장하는 영화에서는 꼭 책을 읽어 주는 장면을 넣자는 규정이나 묵시적 약속이 있는지, 아니면 미국 가정에서 책을 읽어 주는 풍습이 이렇게 고착화한 것인지는 모르겠다. 다만 미국 가정에서 자녀한테 책을 읽어 주는 부모가 많다는 이야기는 들었다. 도서관에서도 책을 읽어 주는 사람이 있고, 이렇게 도서관이나 학교에서 책을 읽어 주는 일을 전문으로 하는 미국 여성이 우리나라에 여행을 왔을 때 몇 군데 안내를 한 일이 있다. 그 사람은 자기 전문성을 향상시키기 위하여 우리나라 옛이야기를 조사하러 왔다고 했다.

우리나라는 최근에야 집이나 학교는 물론 도서관에서 '책 읽어 주기'가 되살아나고 있다. 그러나 아직도 책 읽어 주기가 우리 사회 독서 문화로 자리 잡았다고 보기에는 부족하다. 집에서는 부모들이 바빠서 한가롭게 책을 읽어 줄 시간이 없다고 하고, 학교에서는 교과서 진도 나가기도 벅차기 때문에 책을 읽어 줄 여유가 없고, 도서관에서도 어린이들한테 만화영화는 보여 주면서도 정작 도서관 활동에서 가장 기초가 되어야 할 책 읽어 주기는 안 하는 곳도 있다. 아직도 어린이들한테 책을 읽어 주는 일이 별로 중요하다고 생각하지 않기 때문일까?

그래도 여러 단체에서 책 읽어 주기 운동을 펼치면서 젊은 부모들을 중심으로 책을 읽어 주는 일이 점점 더 활발하게 늘어나고 있어 반갑다. 이렇게 자녀들을 대상으로 책을 읽어 주는 일이 자녀가 글을 읽게 되거나 초등학생이 된 이후에도 멈추지 말고 지속되었으면 한다. 나아가 독거노인이나 시력이 약해져 책을 읽지 못하는 노인들한테도 책 읽어 주기 운동이 일어나면 좋겠다. 우리 사회에서 책 읽어 주기가 좋은 독서 문화 풍습으로 자리 잡기 바란다.

책을 안 읽는 아이들

"우리 집 아이는 2학년 남자 어린이입니다. 그런데 책을 안 읽어요. 어릴 때는 잘 읽었는데 요즘은 너무나 싫어해요. 책을 읽으라고 하면 읽어 달라고 해요."

"글자는 아나요?"

"그럼요. 유치원 때 벌써 글자를 다 깨쳤는데요."

이 어린이는 책을 못 읽는 것이 아니라 이 어머니가 말했듯이 '안 읽는' 것이다. 그리고 어머니보고 책을 읽어 달라고 조른다. 책을 읽어 주면 잘 듣는다고 한다. 그런데 자꾸 읽어 주면 책을 더 안 읽게 될까 걱정이라고 했다.

정확한 원인이 무엇인지 알 수 없지만, 추측하건대 유아 때 너무 많은 책을 억지로 읽힌 게 아닐까? 백여 권씩 되는 전질을 사다 주고 글자를 깨쳤으니까 자꾸 읽으라고 주고, 이웃이나 친척들이 오면 글자 깨쳤다는 걸 자랑하려고 자꾸 읽어 보라고 부추긴 것은 아닐까?

책 읽기가 중요하기는 하지만 결코 책 읽기가 강제 노동이어서는 안 된다. 그렇게 읽으면 겉만 읽지 속을 읽지 못하게 되기 때문이다. 더구나 유아 때는 책보다 자유로운 놀이가 더 중요하다. 책 읽기도 하나의 놀이가 돼야지 공부하듯이 해서는 안 된다. 유아들은 놀이를 하면서 많은 것을 스스로 찾아내 배운다. 그런데 글자를 좀 일찍 깨쳤다고 책을 자꾸 읽으라고 강요하면 책에 대한 거부감이 생길 수 있다. 일단 책에 대한 거부감이 생기면 나중에 스스로 책을 읽는 즐거움을 되찾기 어렵다. 우리나라 독서율이 낮은 까닭이 바로 여기에 있다. 초등학교·중학교·고등학교·대학교를 나왔음에도 독서를 하지 않는 어른이 많다. 학교 다닐 때 재미도 없는 교과서를 억지로 읽기를 강요당했기 때문에 학교 교육이 끝나면서 책 읽기도 끝나 버리는 것이다.

　이 어린이는 다행히 어머니한테 책을 읽어 달라고 한다. 어머니가 읽어 주는 맛은 잃지 않은 것이다. 어머니가 계속 읽어 주고 서서히 작품 수준을 높여 가면 언젠가는, 2학년이 끝나기 전에 다시 스스로 책 읽는 즐거움을 되찾을 수 있을 것이다.

12

무리한 독서는 피해야 한다

"초등학교 1학년인데 책 읽기를 싫어해서 걱정입니다. 초등학교 들어가기 전에 책을 천 권 정도 읽어 주었는데, 이제는 읽어 주는 것도 싫어하고 읽는 것도 싫어합니다. 이러다 책과 아주 멀어질까 걱정입니다."

평소 이 어린이를 관찰하지 않아서 확실하게 알 수는 없지만, 이런 경우 독서 기피증에 걸린 것이 아닌가 여겨진다. 어머니가 너무 무리하게 책을 읽어 주거나 읽으라고 강요한 결과 오히려 책에서 멀어져 버리는 것이다. 또 유아들이 읽을 만한 좋은 그림책을 백 권 뽑기도 어려운 현실인데 천 권씩이나 읽혔다면 너무 연령을 고려하지 않고 마구잡이로 읽히지 않았나 싶다.

그 어머니와 이야기하는 과정에서 "아이가 잠들기 전에 한두 권씩 읽어 주었다. 그동안 책을 좋아해서 어떤 책은 스무 번씩 읽어 준 것도 있다. 왜 책 읽기가 싫으냐고 물으니 글씨가 너무 많아서 싫다고 한다."는 말을 했다.

이런 말을 종합할 때 어린아이한테 너무 무리하게 어머니 욕심대로 책을 읽어 주지 않았나 싶다. 아이가 잠들기 전에 책을 읽어 주는 것은 다정하고 포근하고 자연스러워야 한다. 무리하게 꼭 한두 권을 다 읽어 주고, 아이한테 다 듣고 자라고 강요해서는 안 된다. 어떤 경우는 한 권이 아니라 서너 장을 읽었을 때 아이가 스르르 잠드는 경우도 있다. 그런데 잠이 오는 아이한테 다 듣고 자라는 말을 하지 않았더라도, 그런 어머니의 마음이 분위기로 전해져 졸음을 참고 억지로 들어야 한다면 그건 어린아이한테 너무 큰 고역이 될 수 있다. 민주화 투사들이 견디기 힘들었던 고문 가운데 하나가 잠을 못 자게 하는 고문이었다고 한다. 잠들기 전에 이렇게 한두 권씩 읽어 주려고 욕심을 냈다면 평소에는 더 억지로 읽히지 않았을까? 또 읽어 주기에서 끝난 것이 아니라 자꾸 읽으라고 강요한 것은 아닐까? 그러니까 아이가 책은 글씨가 많아서 싫다고 한 것이 아닐까?

아무리 몸에 좋다는 약이라도 지나치게 먹으면 오히려 해가 됨은 너무 당연한 이치다. 독서가 좋다고 해도 부모의 욕심대로 무리하게 강요하면 오히려 책을 싫어하거나 심지어는 두려워하게 만들 수도 있다. 이런 경우 독서를 안 한다고 불안해하지 말고 쉬면서 기다리는 여유가 필요하다.

13

자녀가 보는 책을 부모도 같이 읽자

청소년 문제를 이야기할 때마다 어김없이 거론되는 이야기가 바로 '부모와 자녀의 대화 부족'이다. 그리고 대화 부족의 원인이 부모들의 자녀에 대한 이해나 대화를 나누려는 성의 부족이라고 몰아간다. 수많은 학부모들이 갑자기 죄인이 되는 순간이다.

물론 부모와 자녀가 대화를 나누기 위해서는 부모의 관심과 노력이 필요하다. 그러나 무조건 대화를 나누겠다고 의욕을 앞세운다고 대화가 이뤄지는 것이 아니다. 현대 생활에서 부모와 자녀의 대화가 부족한 까닭이 많겠지만, 가장 중요한 원인은 바로 생활의 분화에 있다. 부모와 자녀의 생활 공간이 완전에 가까울 정도로 나뉘어 있다. 생활 공간이 나뉘어 있으니 함께 공유할 수 있는 생활 경험이 없다. 공유할 수 있는 경험이 없으니 대화를 하자고 붙잡아 놓고 앉아 봐야 막상 할 이야기가 없다.

대화란 함께한 경험이 있어야 자연스럽게 이루어진다. 직접경험이 어려우면 간접경험이라도 같아야 대화를 할 수 있다. 간접경험의 보물 창고가 바로 책이다. 부모와 자녀가 같은 책을 읽었을 때 자연스럽게 이야기를 주고받을 수 있게 된다.

어른이 읽는 책을 어린이가 읽기는 어려우니까 당연히 어른이 어린이가 읽는 책을 함께 읽어야 한다. 자녀가 유아면 유아가 읽는 책을 같이 읽고, 초등학생이면 초등학생이 읽는 책을 같이 읽고, 중·고등학생이면 청소년들이 읽는 책을 같이 읽어야 대화를 나눌 수 있다.

물론 자녀가 읽는 책을 모두 따라 읽을 수도 없고, 그렇게 읽을 필요도 없다. 한 달에 한 권만 읽어도 상당한 효과가 있다. 자녀한테 "네가 읽은 책 가운데서 좋은 책 한 권을 권해 주면 좋겠다."는 부탁을 한 달에 한 번이라도 한다고 생각해 보자. 그 자체만으로도 자녀 독서 교육에 큰 영향을 줄 것이 자명하다. 그리고 다 읽고 책을 돌려주면서 잘 읽었다고 말하거나 한 걸음 더 나아가 책에 대한 의견을 서로 주고받아 보면 대화란 시간의 양보다 그 질이 더 중요함을 절실히 느끼게 될 것이다.

14

동화 읽는 어른 모임 만들기

독서 교육은 한 가정과 사회의 독서 환경, 독서 문화를 잘 만들 때 성공할 수 있다. 그런데 글을 읽는 독자들 가운데 '그렇게 하면 좋은 걸 누가 모르나? 먹고살기 바쁘고 시간이 없는데 어떻게 해?' 하는 생각을 하는 사람이 있을 것 같다.

그러나 한번 바쁜 걸음을 멈추고 잠깐 생각해 보자. 무엇을 위해, 누구를 위해 종종걸음을 치고 있는가? 바로 나와 가족의 행복한 삶, 아들딸들을 위해 이렇게 힘들게 사는 게 아닌가? 그런데 정말 우리는 행복한 것인가? 우리 아이들을 위해 무언가를 하고 있는 것인가? 우리 사회의 어른치고 이 말에 쉽게 '예'라고 대답할 수 있는 사람이 얼마나 될까?

우리 사회를 사람이 사람다운 삶을 살 수 있게 바꿔 나가는 길 가운데 하나가, 정말 바탕부터 바꾸는 소중한 일 가운데 한 가지가 바로 새로운 가정 문화와 지역사회 문화를 만드는 일이라고 생각한다. 책을 매체로 하는 가정 문화, 지역사회 문화의 시작이 어른이 어린이와 함께 동화를 읽는 일이다. 바로 함께 손잡고 이 작은 한 걸음을 걸어가는 사람들이 어린이도서연구회와 어린이도서연구회의 지역 모임인 '동화 읽는 어른' 모임들이라고 생각한다.

동화 읽는 어른 모임은 '겨레의 희망, 어린이에게 좋은 책을' 읽히자는 어린이도서연구회의 뜻에 따라 전국 각지에서 좋은 동화를 자녀와 함께 읽고, 가정의 독서 문화와 지역 어린이들을 위한 여러 가지 문화 활동을 하고 있다. 이 모임은 일주일에 한 번 모임을 가지며, 동화책을 읽고, 집에 가서 자녀와 함께

본 뒤 독서 활동을 하고, 그 이야기를 다시 모여서 주고받고, 좋은 책 전시회를 하고, 인형극과 연극을 보여 주고, 슬라이드 극을 공연하고, 그림책을 만들고, 가정 도서실을 만들고 있다. 현재 전국 12개 시도지부에서 3천여 명이 활동하고 있다.

동화 읽는 어른 모임을 만들고 싶은 학부모나 교사들은 어린이도서연구회나 어린이책시민연대나 학교도서관문화네트워크 같은 단체에 문의하면 자세한 안내와 지원을 받을 수 있다. 요즘은 각 국공립도서관이나 마을 어린이도서관에서도 자체 동화 읽는 어른 모임을 만들어 운영하는 곳도 있다.

15

제값 주고 책 사기

도서 정가제에 대한 찬반 논란이 많다. 1980년대 전후에 도서 정가제 논의를 많이 했고, 당시에 정가제를 지키도록 법을 정했었다. 사실 책값은 서점에 따라 깎아 주는 경우가 있긴 해도 대체로 새로 나온 책값은 정가에서 크게 벗어나지는 않았다. 2000년대 전에는 헌책방이 많았기 때문에 돈이 부족하면 헌책을 사기도 했다. 그런데 2000년대 들어 대형 인터넷 서점에서 책값을 깎아 주면서 도서 정가제가 크게 흔들렸고, 출판 시장을 어렵게 만들고 있다.

그동안 책값 정가는 보통 인세 10%, 제작과 영업비 50%, 유통비 40% 선에서 결정되었다고 볼 수 있다. 출판사에서 총판으로 60%~65% 정도에 팔고, 총판에서 서점으로 70% 정도에 넘기고, 서점에서는 정가로 팔았다. 그런데 대형 인터넷 서점에서 새 책도 10%, 조금 지나면 20%, 어떤 책은 30%나 그 이상으로 할인 판매를 하기 시작하면서 도서 정가제가 파괴되었다. 따라서 30% 정도 마진을 남기던 동네 서점들은 모두 문을 닫을 수밖에 없게 된 것이다. 요즘은 동네에서 작은 책방이나 헌책방을 보기가 어려워졌다.

도서 정가제를 실시하는 독일이나 프랑스 같은 나라하고 도서 정가제를 실시하지 않는 미국이나 영국 같은 나라의 책값을 보면 비슷한 책값이 배 정도 차이가 난다. 그 까닭은 출판사에서 미리 최종 할인율을 고려해서 책값을 정하기 때문이다. 또 책을 출간하자마자 대형 서점이나 인터넷 서점에서 일정 부수가 팔려야 독자들의 주목을 받으니까 광고비를 많이 책정해야 한다. 결국 그 돈은 독자들이 부담하는 것이다. 도서 정가제가 겉으로 보면 비싸게 주는 것 같지만 속으로 보면 도서 할인제가 훨씬 더 비싸게 사는 결과를 초래한다. 더 큰 문제는 책이라는 지식 산업이 대형 출판사와 대형 서점에 예속되면서 다양한 책이 나오기 어려운 구조가 된다. 독자들이 다양한 책, 곧 다양한 지식을 얻을 수 있는 통로가 원천봉쇄 되는 것이다. 무한한 창의적인 사고와 지식으로 새로운 세계를 열어 가야 할 어린이들에게 자본으로 통제된 책밖에 읽을 수 없는 세상을 만들지 않으려면 독자들이 책부터 제값을 주고 사는 독서 문화를 만들어야 한다.

어린이문화협동조합 1

『어린이책을 읽는 어른』(이주영 글, 1994, 웅진출판)을 쓸 때만 해도 마을에 어린이도서관이 거의 없었다. 국공립도서관에도 동대문도서관이나 종로도서관 정도에만 어린이실이 있었다. 도서관진흥법에 국공립도서관에 어린이실을 두도록 되어 있었는데도 그랬다. 『어린이책을 읽는 어른』이 나오고 나서, 그 책에서 권유한 '동화 읽는 어른 모임'이 전국 곳곳에서 들꽃처럼 피어났고, '어린이 책 사랑방' 개념의 어린이 마을 도서관이 빠른 속도로 늘었고, 5~6년 뒤에는 국공립도서관에서 어린이실이 없는 곳이 오히려 이상하게 될 정도로 확산되었다.

그 책에서 권유했던 것 가운데서 어린이 책 전문 서점은 한때 상당히 활성화되다가 대형 인터넷 서점이 등장하면서 경영난에 문을 닫기 시작했고, 지금은 20~30곳밖에 남아 있지 않다. 그나마도 책 판매는 바닥을 치고 있고, 어린이도서연구회나 어린이책시민연대 회원이 운영하는 서점들처럼 봉사와 희생정신으로 운영하는 곳만 버티고 있다.

어린이들이 좋은 책을 마음껏 골라 보고, 자유롭게 선택할 수 있는 공간이 어린이 책 전문 서점이다. 그런데 책만으로는 어렵기 때문에 체험학습이나 독서교육이나 문화 창조 개념을 복합시킨 '책놀이터' 형태로 변화 발전하고 있다. 부산 어린이 책 전문 서점 '책과 아이들(대표 강정아)', 일산 어린이 책 전문 서점 '알모(대표 최영미)' 서울 성산동에 있는 동네 책방 '개똥이네 책놀이터(대표 정영화)'가 그런 형태로 변화하는 어린이 책 전문 서점들이다. 어린이 책을 내는 출판사에서 출판사 건물 1층에다 직접 책놀이터를 만들어 운영하는 곳도 있는데, 파주출판단지에 있는 보리 출판사나 사계절 출판사가 그와 같은 경우다. 책을 바탕으로 하는 다양한 독서문화교실이나 독서체험교실을 개발해서 열고 있는데 호응이 좋다. 이러한 어린이 책 전문 서점이나 책놀이터는 사실 책방을 넘어서는 마을 어린이 복합 문화원이라고 볼 수 있다.

우리 어린이들한테 책을 중심으로, 또는 책을 바탕으로 하는 문화를 경험하게 하기 좋은 형태가 이러한 복합 문화 공간의 형태로 활용할 수 있는 공간으로 보인다. 이러한 복합 문화 공간을 어린이문화협동조합이라는 새로운 개념으로 공유하고, 이에 공감하는 학부모 다섯 명 이상이 모여서 책을 중심으로 하는 어린이문화협동조합을 만든다면 우리들의 삶이 훨씬 더 풍성해질 것이다.

17

어린이문화협동조합 2

협동조합은 생산자나 소비자들이 만드는 경제 공동체 조직이다. 물건을 만들어서 공동으로 판매하기도 하고, 필요한 물건들을 공동으로 사서 조합원들한테 팔기도 한다. 주식회사와 다른 점은 그런 경제 활동으로 생기는 이익을 나누는 방법이다. 주식회사는 의사 결정권이 주식을 갖고 있는 분량에 따라 다르다. 주식을 많이 갖고 있는 사람은 투표권이 많고, 주식을 조금 갖고 있는 사람은 투표권이 적다. 그러나 협동조합은 출자금이나 조합비를 많이 냈거나 조금 냈거나 모두가 1인 1표의 투표권을 갖는 것을 원칙으로 한다. 곧 민주주의 정신을 최대한 살리는 구조다.

2012년 1·2월 협동조합 기본법이 발효되면서 작은 협동조합을 만들기가 쉬워졌다. 조합원이 다섯 명이면 협동조합을 등록할 수 있기 때문이다. 같은 동네에서 어린이가 있는 집 다섯 가구만 모여도 조합원이 최소한 15명에서 20명은 된다. 아버지, 어머니, 어린이 1~2명. 같은 어린이집이나 유치원이나 초등학교 학부모들끼리 마음만 모으면 20~30가구가 조합을 만들 수 있다. 출자금 100만원, 월 조합비 1~2만 원 정도씩만 해도 작은 어린이문화협동조합을 운영할 수 있을 것이다.

일주일에 하루 2시간 어린이 책을 읽고 이야기를 나누는 모임을 하고, 그 자리에서 협동조합 운영이나 어린이 문화 교실이나 문화 행사에 대한 정보를 나누고, 함께 참여해 보고 싶은 어린이 연극이나 공연 예술 행사 관람표를 공동 구매해서 같이 누릴 수 있다. 이처럼 문화생활에 조합원 한 사람이 내는 조합비에서 물건 값이나 표 값이나 참가비를 공제하고, 부족한 경우에는 더 내고, 남으면 조합비로 적립했다가 쓰면 된다. 조합비는 다달이 일정액을 가족 문화비로 지출하는 셈이 된다.

문제는 건물인데, 공간을 임대하기 전까지는 소규모로 하는 거니까 방이나 베란다나 옥상이나 지하실이나 여유 공간이 있는 조합원의 집을 조합 공간으로 만들어도 충분하다. 초기에는 연극이나 공연예술이나 체험학습과 같은 어린이 문화 관람이나 체험을 중심으로 하고, 좋은 책이나 생활용품은 정보를 수집해서 공동 구매를 하는 거니까 실제로 많은 물건을 쌓아 두지 않아도 되기 때문이다.

18
어린이문화협동조합 3

어린이문화협동조합에서 공동 구매나 공동 관람을 위해서 참고하기 쉬운 곳이 어린이문화연대 카페다. 어린이문화연대는 어린이 교육·문화·예술 관련 단체들이 상호 정보 교환과 의사소통을 하기 위해서 만든 모임이다. 현재 약 40여 개나 되는 다양한 단체들이 모여 있다. 어린이문화연대 카페에는 이 단체들에 대한 소식이나 정보가 수시로 올라오고, 각 단체 사이트나 다른 카페와 연결되어 있기 때문에 필요한 곳을 찾아가기에 좋다.

좋은 책에 대한 정보는 어린이도서연구회, 어린이책시민연대, 학교도서관문화네트워크 같은 단체에서 얻을 수 있다. 좋은 연극이나 전시회에 대한 정보는 함께 보는 연극이나 전시회 방에 들어가거나 아시테지나 극단 민들레에서 찾아볼 수 있다. 노래, 놀이, 연극, 영화, 전시, 여행을 비롯한 다양한 문화 행사나 공연 예술에 대한 정보를 얻을 수 있다.

아직 어린이 문화라는 말이 폭넓게 사회화되어 있지 못한데, 나는 어린이 문화라는 말을 어린이만을 대상으로 말하지 않는다. 이 말은 어린이의 눈높이에서, 어린이 중심의 문화를 어린이와 어른이 함께 누릴 수 있는 것을 말한다. 어린이한테 좋은 놀이는 어른한테도 좋은 놀이니까 어린이와 어른이 함께 놀아야 하고, 어린이한테 좋은 책은 어른한테도 좋은 책이 되는 거니까 어린이와 어른이 함께 어린이 책을 읽는 독서 문화를 만들어야 한다는 것이고, 어린이한테 좋은 연극은 어른한테도 좋은 연극이니까 어린이와 어른이 함께 어린이 연극을 보는 문화를 만들어야 한다는 개념으로 쓰고 있는 말이다.

따라서 어린이문화협동조합이란 어린이와 어른들이 함께할 수 있는 좋은 놀이를 찾아서 함께 즐기는 놀이 문화, 어린이 책을 함께 읽는 독서 문화, 노래 문화, 연극 문화, 여행 문화를 비롯해 어린이와 어른이 함께 삶을 가꾸는 문화를 말한다. 이러한 문화를 협동조합 원칙에 따라 만든다면 어린이와 어른이 함께 자유롭고 평화로운 행복한 삶을 누리는 길로 나갈 수 있을 것이다.

2장

독서에 흥미를
갖게 하는
방법들

19

책으로 놀기

독서에 흥미를 갖게 하는 첫걸음은 어려서부터 책과 가깝게 하는 것이다. 집에 책이 넉넉하게 있는 가정에서 자란 어린이하고 그렇지 못한 가정에서 자란 어린이들을 비교해 보면 독서 흥미도에서 차이가 난다는 연구 결과도 있다. 그런 연구 결과를 떠나서 사람은 누구나 어려서부터 가까이에서 보고 만지고 즐기던 것에 관심을 갖기 마련이고, 좋아하기 마련이다. 그것 때문에 특별히 상처를 입은 경험을 하지만 않았다면 말이다.

영유아기부터 책을 가깝게 두는 것이 좋다. 영유아기 아이들이 손으로 만질 수 있고, 넘겨 볼 수 있고, 나무 도막처럼 쌓을 수도 있고, 이리저리 늘어놓으면서 자기 나름대로 모양도 만들어 보고, 주욱 둘러 세워서 작은 성처럼 만들기도 하고……. 책을 읽는다는 개념보다는 책하고 논다는 놀이감 개념으로 접근하는 것이 좋다.

따라서 이 무렵에는 너무 크거나 두껍지 않은 책이 좋다. 아직 아기들의 손가락 힘이 약하고, 무엇을 정교하게 잡기에는 소근육들이 충분히 발달되어 있지 않기 때문이다. 잡기 쉬운 두께나 크기가 좋다. 또 모서리가 있는 네모난 책보다는 모서리각을 둥그스름하게 손질을 한 책이 안전하다. 가끔 아이들이 책을 휘두르거나 던져서 이마에 상처가 나는 경우도 있다. 빳빳한 종이 때문에 아기들은 연한 살을 베일 수도 있다. 어른도 잘못하면 손가락을 베는 경우가 있다. 무엇보다 색깔이 너무 원색 계통이거나 화려한 책은 피하는 게 좋다. 구강기 단계 아기들은 무조건 빨기 때문이다.

　요즘은 영유아를 위한 다양한 장난감 책들이 나오는데, 헝겊이나 털실을 붙여서 만든 것이나 너무 복잡하게 만든 것은 피하는 게 좋다. 빨거나 잡아 뜯거나 망가뜨려서 야단을 맞으면 오히려 싫어하게 된다. 어른들이 야단을 치지 않는다 하더라도 부정적인 경험을 하면서 스스로 실패감을 느끼거나 자책감을 가질 수 있다. 그래서 나는 오히려 『아기 아기 우리 아기』(윤구병 글, 보리) 같은 단순한 아기들 책이 더 좋다고 생각한다.

20

책하고 놀기

‘책으로 놀기’가 내용보다는 책 자체를 장난감처럼 갖고 노는 개념이라면 ‘책하고 놀기’는 내용을 밖으로 끄집어내서 논다는 개념이다. 책을 펼치고 그 내용을 어른이 읽어 주면서 따라 하게 하는 말놀이, 책에 나와 있는 물건을 찾아서 만지고 놀게 하는 사물놀이, 책에 등장하는 인물이나 동물이 하는 행동을 따라하는 흉내놀이 같은 것이다.

‘맛있겠다 먹어 보자’(『아기 아기 우리 아기』 1-1권, 보리) 내용을 보면 “맛있겠다. 먹어 보자. 사각사각. 봉긋봉긋 맛이 있다. 냠냠 짭짭.”이라는 글이 있다. 영유아들이 아직 이런 글자를 알 턱이 없고, 굳이 가르칠 필요도 없다. 그러나 어른이 이 장면을 펼쳐 놓고 소리 내서 읽으면 아기들이 그 말을 따라 하고 싶어 한다. 표정과 손짓으로 맛있게 먹는 모양을 보여 주면서 “먹어 보자 사각사각” 하면 아이들도 따라 한다. 이렇게 말놀이를 할 수 있는 책을 골라서 다양한 말놀이를 하면 아기들도 재미있게 따라 할 것이고, 책에 무언가 있다는 것을 은연중에 기억하게 될 것이다.

‘사과’ 그림이 있고, ‘사과’라는 글자가 있는 사물 그림책을 펼쳐 놓고, 같이 펼치면서 보면 아기들이 손가락으로 사과를 콕콕 짚으면서 옹알이를 한다. 그때 같이 짚으면서 “사과, 사과, 사과”를 되풀이해 주고. 시들해질 무렵에 진짜 사과를 보여 주면서 만지면서 놀게 한다. 충분히 만지고 굴리며 논 다음에 사과를 먹으면서 “사과는 맛있어 사각사각” 하면서 말놀이를 곁들인다.

닭이나 강아지가 주인공인 책을 갖고 놀았으면, 그 책에 나오는 동물 소리를

흉내 내거나 그 동물들이 했던 행동을 따라 하면서 놀 수 있다. 흉내 놀이는 영
아보다는 유아 때 더 자주, 더 많이 하고 싶어 한다. 책 속에 있는 무엇을 밖으
로 꺼내서 실제 몸으로 겪어 보게 하는 말놀이, 사물놀이, 흉내 놀이를 즐겁게
하면 책을 더욱 가깝게 느낄 수 있다.

아기 아기 우리 아기
윤구병 글 / 보리

21

책 따라 놀기

아이들은 '책으로 놀기'에서 '책하고 놀기'를 넘어서면 '책 따라 놀기'로 나간다. 책 내용을 현실에서 따라 하는 것이다. 책 속에서 본 사건과 비슷한 연극 놀이를 하기도 하고, 주인공이 했던 놀이를 흉내 내기도 한다. 『숲 속 나라』(이원수 글, 이원희 그림, 웅진주니어)를 읽고 마을 뒷산 칡넝쿨 속에 진지를 만들어 놀기도 하고, 종이를 둘둘 말아서 망원경처럼 눈에 대고 보면서 '적군이 오는지 감시한다.'고 말하면서 논다.

책 따라 놀기는 책 내용을 자기 방식으로 이해하고 해석하고 현실에 응용하는 과정이다. 책 내용을 자기 현실에 맞게 해석해 보는 연습을 할 수 있는 기회가 되는 것이다. 따라서 부모나 교사나 주변 어른들이 적극 참여하는 것이 좋다. 『아기 돼지 삼형제』를 읽고, 아이들과 같이 책을 세워서 집을 짓기도 하고, 늑대가 되어서 '후–' 바람을 불어서 쓰러뜨리기도 하고, 반대로 아기 돼지가 되어 주기도 한다.

아이들은 책을 잘 읽게 되면 '책 속에서 놀기'도 즐길 줄 알게 된다. 책 속에 푹 빠지는 것이다. 책 속으로 들어가 스스로 주인공이 되어서 사건을 따라간다. 사건을 따라가면서 자기 생각대로 줄거리를 바꿔 보기도 한다. 책을 읽다가 옆으로 새는 것이다. 한참 책하고 다른 방식으로 사건을 만들어 나가다가 퍼뜩 정신을 차리고 다시 읽는다. 책을 다 읽고 책장을 덮은 다음에는 그 뒷이야기를 스스로 만들어 나간다. 그야말로 책 속에 빠져서 헤어나지 못하는 것이다.

책 속에 너무 빠지다 보면 공상에서 헤어나지 못할 때가 있다. 낮에도 공상에 빠져서 몇 시간을 멍하니 있을 때가 있다. 백일몽이다. 밤에도 잠을 자지 못하고 밤새 공상에 빠지는 때도 있다. 이런 경우 '책 따라 하기' 방식으로 현실로 끌어낼 필요가 있다. 책을 읽고 머릿속으로만 상상하는 것보다는 몸으로 겪도록 하는 게 더 좋다. 손발을 움직이고, 몸을 움직여서 재현하거나 재구성하는 방법이 독서를 통해 책의 노예가 되는 길을 피하고 책의 주인이 될 수 있도록 도와주기 때문이다.

숲 속 나라
이원수 글 / 웅진주니어

22

많이 읽는 것보다 한 권이라도 충분히 즐기기

텔레비전에 나오는 광고 중에서 책으로 꽉 차 있는 거실 모습을 보여 주면서 "아이들한테 이 정도 책은 주어야지요?"라고 말하는 것을 본 적이 있다. 그리고 그 많은 책을 휴대전화로 볼 수 있다고 선전을 하는 것이다. 어려서부터 책을 가까이 할 수 있는 집안 환경을 만들어 주는 게 좋다고 해서 그렇게까지 책이 많을 필요는 없다. 무엇이든지 너무 과한 것보다 차라리 조금 부족한 게 나을 때가 많다.

아이들한테 무조건 많은 책을 읽게 강요하는 것은 피해야 한다. 너무 많아서 소중함을 느끼지 못하게 하는 것도 좋은 방법이 아니다. 어려서는 단 몇 권이라도 어린이가 즐겁게 보고, 즐겁게 놀고, 소중하게 여기는 마음을 가질 수 있다면 그것으로 충분하다고 할 수 있다. 그 책이 너무 좋아서 꼭 안고 잘 수 있는 한 권의 책이 있는 것만으로도 족하다.

국공립 도서관이나 학교, 마을 도서관에 가서 좋은 책들을 빌려다 보는 문화도 마땅히 장려해야 할 일이지만 동시에 빌려 읽었는데 너무 좋으면 서점에 가서 사는 습관을 길러 주는 것이 좋다. 어려서부터 책을 돈 주고 사는 경험을 시켜 줄 필요가 있기 때문이다. 그래야 청소년이 되어서도 책을 살 줄 아는 아이가 되고, 어른이 되어서도 책을 살 수 있는 것이다. 이렇게 자기 돈으로 사 온 책은 단 몇 권이라도 소중한 것이고, 책 한 권 한 권에 소중한 추억을 담아 두고 살 수 있다.

손때 묻은 책이라는 말이 있다. 자기 손때가 묻은 책을 갖고 있는 아이들은 책을 소중하게 여긴다. 책이 수백 권, 수천 권이라 할지라도 그 소중함을 모른다면 무슨 필요가 있을까? 그 많은 책을 볼 때마다 즐거운 추억이 연상되는 게 아니라 계속 새 책만 읽느라고 그동안 읽었던 책을 되새겨 볼 시간이 없다면 그 책들이 무슨 의미가 있을까? 책이 단 몇 권일지라도 한 권 한 권에 소중한 기억이 담겨 있을 때, 그 책을 보면 따스한 어머니의 손 같은 느낌이 들 때, 책 제목만 봐도 그 내용이 슬며시 떠오를 때 그 책들이 의미가 있는 것이다. 그래서 단 한 권이라고 하더라도 충분히 즐기는 것이 더 소중한 독서 경험이 된다.

23

책 나무 키우기

'책 나무 키우기라고?'

고개를 갸웃거릴 학부모가 많을 것 같다. 책나무 키우기란 가족들이 읽은 책을 쉽게 확인할 수 있도록 누가 기록하는 한 가지 방법이다.

화분에다 가지가 여러 개 있는 나뭇가지를 꽂아도 되고, 알맞은 크기의 막대기를 꽂아 놓고 철사를 이용해서 나뭇가지를 만들어도 되고, 두꺼운 종이를 굵기가 다르게 말아서 나무 모양을 만들어 세워도 좋다. 곧 화분에 나무를 심은 모양이면 된다. 이왕이면 색 테이프나 색지로 나무줄기와 가지를 말아서 예쁘게 꾸미면 더욱 좋겠다.

이렇게 해서 만든 책나무 화분 옆에 바구니나 종이 상자를 하나 두고, 그 속에 몇 가지 다른 모양이나 색깔로 나눠 오린 색종이를 놓아둔다. 색종이를 책을 읽을 식구에 따라 모양이나 색깔을 다르게 오리는 것이다. 아버지는 사과 모양, 어머니는 바나나 모양, 아들은 호랑이 모양, 딸은 꽃 모양으로 정할 수 있다. 또는 똑같이 사과꽃 모양으로 오리되 식구마다 색깔만 다르게 정할 수도 있다.

책을 한 권 다 읽은 다음에 자기 색종이에 다음과 같은 몇 가지 사항을 적어서 나뭇가지에 매단다. 예를 들어 『칠칠단의 비밀』을 읽었다고 하면 이런 내용을 적는다.

- 칠칠단의 비밀
- 방정환 씀 / 사계절 출판사
- (책을 읽고 하고 싶은 말 한마디)

책을 읽고 하고 싶은 말 한마디는 '재미있다.', '순희야, 힘 내.', '상호 형, 고마워.'처럼 아주 짧게 한마디를 쓰면 된다. 물론 꼭 길게 쓰고 싶다면 색종이 안에 꽉 차게 더 써도 되지만, 쓰는 데 부담을 느끼게 강요하면 안 된다.

이렇게 집 안에 책나무 한 그루를 키우면 '식구들이 책을 얼마나 읽는가?', '어떤 책을 읽는가?'를 서로 확인할 수 있고, 이렇게 확인하는 가운데 자녀들의 책에 대한 관심과 독서력이 무럭무럭 자라날 것이다.

칠칠단의 비밀
방정환 글 / 사계절

책 지도 그리기

'책 지도 그리기'도 가정의 독서 환경 꾸미기 가운데 한 가지 방법이다. 식구들이 쉽게 볼 수 있는 거실 벽이나 자녀의 공부방 벽에 세계지도를 붙여 둔다. 세계지도는 자리가 되면 전지 크기가 좋지만 붙일 자리가 좁으면 반절지 정도 크기여도 괜찮다. 방에 걸기에 알맞은 크기의 세계지도를 구하기 어려우면 구청이나 시청 부근에 가면 대형 복사물을 취급하는 복사 집이 있는데, 이런 복사 집에 가면 알맞은 크기로 축소나 확대 복사할 수 있다.

세계지도를 스티로폼이나 우드락처럼 침을 꽂기 좋은 소재 위에다 붙여서 벽에 건다. 옆에는 5센티미터쯤 되는 철사나 핀에 색지를 삼각형이나 직사각형으로 오려 붙여 둔다. 작은 깃발이다.

독서를 하고 난 다음에 자기가 읽은 책을 쓴 사람의 나라에 작은 깃발을 꽂는다. J. M. 바스콘셀로스의 『나의 라임오렌지 나무』(최수연 그림, 박동원 옮김, 동녘)를 읽었으면 브라질, 아스트리드 린드그렌의 『미오, 나의 미오』(일론 비클란드 그림, 김서정 옮김, 우리교육)를 읽었으면 스웨덴, 에드몬도 데 아미치스가 쓴 『사랑의 학교』(김환영 그림, 이현경 옮김, 창비)를 읽었으면 이탈리아, 권정생의 『몽실 언니』(이철수 그림, 창비)를 읽었으면 우리나라 안동에 깃발을 꽂는다. 깃발에는 읽은 책 이름, 글쓴이 이름, 깃발을 꽂은 날짜 정도만 쓰면 된다.

이렇게 하면 어린이가 스스로 어느 나라 책을 얼마나 읽었는지를 알 수 있게 된다. 또 책을 읽기 전에 먼저 '이 책은 어느 나라 책이지?' 찾아보게 되고, 더 관심을 갖고 보게 되고, 먼저 읽었던 그 나라 책과 자연스럽게 견주면서 읽게 된다. 차츰 자기가 읽지 않은 나라의 작품도 궁금하게 여기게 되고, 폭넓은 독서로 나아가는 동기 유발이 된다.

얼마 전에 지역 동화 읽는 어른 모임에서 여는 전시회에 갔는데, 4학년 어린이가 사회과 부도 맨 뒷장에 있는 세계지도를 이용한 것을 보았다. 세계지도에다 자기가 읽은 책을 쓴 사람의 나라에 예쁜 스티커를 붙이고, 스티커에 번호를 써 놓았다. 그리고 독서록을 따로 마련해서 번호마다 책에 대한 소개를 해 놓았다. 좋은 아이디어다.

미오, 나의 미오
아스트리드 린드그렌 글 / 우리교육

25

책 연대표 만들기

'책 연대표'는 어린이가 우리나라 역사에 관심을 갖게 하고, 겨레의 역사와 문화가 담긴 책을 골고루 읽을 수 있도록 도와주기 위해 어머니가 할 수 있는 일이다.

자녀가 1학년에 입학하면 책 연대표를 만들어 둔다. 폭은 4절 색상지를 세로로 세 번 접어서 오리면 적당하다. 색상지를 고조선, 삼국 시대, 신라와 발해 시대, 고려 시대, 조선 시대, 항일 투쟁 시대, 대한민국 시대에 따라 다른 색으로 붙인다. 전체 길이는 올해가 단기 4346년이니까 4미터 34.6센티미터로 한다. 사회과 부도를 보면 각 시대의 지속 연대를 알 수 있다. 그 연대 100년을 1센티미터로 삼아 색상지 길이를 오려 붙이면 된다. 아래위에 둥근 막대기를 붙이면 멋진 연대표 족자가 된다. 둥근 막대기를 구하기 어려우면 나무젓가락을 몇 개 이어 붙인 다음에 테이프로 말아서 둥글게 만든 다음에 예쁜 색깔로 물들인 색한지로 감아서 만들어도 예쁘다.

단군 신화를 비롯한 우리 겨레의 건국 신화와 창조 신화를 읽으면 고조선 연대에, 주몽 신화 같은 삼국의 건국 신화는 삼국 연대에, 각 시대의 위인전은 그 위인이 살았던 연대에 표를 붙인다. 전설이나 설화는 대개 그 연대를 유추할 수 있다. 그런데 전래 동화는 어느 연대에 넣어야 할지 판단하기 어렵다. 전래 동화는 우리 겨레의 오천 년 역사 속에서 자연스럽게 만들어진 것이므로 가장 오랜 연대인 고조선에 표시해도 큰 무리는 없다고 생각한다. 학년이 올라가면서 역사를 읽게 된다. 고구려 역사, 신라 역사, 백제 역사, 가야 역사는 삼국 시대 연대표에 표시한다. 고려, 조선, 항일 투쟁기, 대한민국 역사를 읽으면 각각 그 시대에 표시한다. 창작 동화는 연대가 정확하게 기록되어 있으니 쉽게 그 시대에 표시할 수 있다.

이렇게 연대표에 읽은 책이나 이야기 제목을 쓴 표를 붙여서 죽 표시하고, 해마다 생일에 책 연대표를 펼쳐서 살펴보고, 부족한 시대의 책을 생일 선물로 사 주면 좋겠다.

독서에 흥미를 갖게 하는 방법들 |||||||||||||||||||||

26

책 기사 모으기

자녀에게 독서 교육을 꾸준히 하고 싶은 가정에서는 부모가 먼저 이렇게 책에 관한 기사나 소개 정보를 모을 필요가 있다. 스크랩북이나 파일에 기사를 꾸준하게 모으면 좋은 독서 자료가 된다. 일단 부모가 시작하면 자녀도 관심을 갖고 책과 독서 관련 기사 모으기에 스스로 참여할 것이다.

요즘은 여러 언론 매체에서 어린이 책을 소개하고 있다. 어린이 신문뿐 아니라 일반 신문들도 일주일에 한두 번씩 어린이 책 소개란을 만들어 새로 나온 책이나 독특한 책들을 소개하고 있다. 또 어린이도서연구회 같은 단체나 문화 관련 정부 기관에서도 종종 권장 도서 목록을 발표하고 있다. 어느 신문이 어린이 책과 독서 교육에 대한 기사를 충실하게 게재하는가를 살펴본 뒤 구독 여부를 정하고, 다른 신문을 보는 이웃과 기사를 공유하기 위한 모임을 만드는 것도 좋은 방법이다. 서로 좋은 기사를 소개하고, 돌려보거나 복사해서 같이 볼 수 있기 때문이다.

모은 기사를 한 달에 한 번 날을 정해서 자녀와 함께 살펴보면서 읽고 싶은 책을 고른다. 함께 살펴보면서 읽는 경험 자체만으로도 좋은 독서 경험이 될 것이다. 또 책에 관한 여러 가지 기사를 보면서 읽고 싶은 것을 선택하는 판단력도 기를 수 있고, 일단 선택한 책을 서점에 가서 다시 살펴보면서 기사 내용과 견주어 보는 버릇도 기를 수 있다.

한 달 동안 모은 자료를 검토하고 난 다음에는 자녀와 함께 재분류하는 일을 한다. 곧 한 달 동안 모은 자료를 다시 독서 교육에 관한 기사, 우리나라 창작 동화, 다른 나라 창작 동화, 역사 책, 전래 동화 책, 과학 책, 위인전, 만화 책, 기타 학습 정보나 지식에 도움이 되는 책 등으로 항목을 정해서 스크랩북에 재분류해 둔다.

이렇게 분류해 놓으면 다음에 그 분야의 책을 사야 할 필요가 있을 때 도움이 된다. 이미 읽은 책을 소개한 기사에는 표시를 하고, 그 책을 읽고 난 후 기사 내용과 비교해서 하고 싶은 말이나 더 보태고 싶은 말을 쓴 쪽지를 붙여 두면 더욱 좋겠다.

27

독서 사진첩 만들기

사진첩은 우리 사회에서 흔한 기념물 가운데 한 가지다. 유치원과 초·중·고등학교, 대학교·대학원까지도 졸업 사진첩을 만든다. 백일·돌·생일잔치 때도 사진 찍기가 빠지지 않는다. 요즘은 태아 사진도 찍어서 아기의 사진첩 앞자리를 차지한다. 어느 집이나 사진기 한두 대는 다 있다.

이렇게 사진기가 많고, 사진 찍기가 흔하고, 갖가지 사진첩이 다 있다. 그런데 이렇게 살아가는 모습을 남기는 기념물에 책이 빠져 있다. 어느 사진첩이나 들춰 보면 책을 읽는 모습이나 책을 기념으로 들고 찍은 사진은 보기 힘들다.

'사람이 책을 만들고, 책이 사람을 만든다.'는 말처럼 책이 한 사람의 삶에 끼치는 영향이 만만치 않은데, 한 사람의 삶을 기념하는 사진첩에 책과 함께 찍은 사진이 한두 장쯤은 끼어야 하지 않을까? 이왕이면 자신이 읽은 책을 기념하는 사진첩을 만들어 보면 어떨까? 옛날 서당에서 책 한 권을 다 떼면 '책거리' 행사를 했다고 한다. 책 한 권을 다 공부한 것을 기념해서 떡 잔치를 하는 것이다.

옛날에야 책 한 권 다 공부하는 데 시간이 많이 걸리니까 책거리를 좀 크게 해도 좋지만 요즘처럼 책이 많은 시대에 책 한 권 읽을 때마다 책거리를 할 수는 없고, 작은 기념으로 책하고 사진 찍기를 하면 좋을 것 같다. 자녀가 다 읽은 책을 책 제목이 보이도록 가슴에 살짝 안고 기념사진을 찍어 둔다. A4용지에 사진을 뽑은 뒤 여백에 읽은 날, 읽은 장소를 써 넣고 짧은 느낌을 써서 파일에 넣어 보관한다. 파일이 차곡차곡 쌓이면 책으로 엮어 주어도 좋다. 요즘은 개인이 쓴 글도 책으로 엮어 주는 곳이 많다. 책으로 만들지 않아도 파일 자체만으로도 좋은 기념이 될 것이다.

이렇게 책 사진첩 한 권이 다 차면 즐거운 책거리 행사를 해 준다. 미리 어린이와 사진첩이 다 차면 책거리 행사를 어떻게 하자는 약속을 해 두었다가 그 약속대로 행사를 해도 좋겠다.

28

독서 편지 쓰기

나는 할아버지·할머니·외할머니가 모두 일찍 돌아가셨다. 내가 태어나기도 전에 모두 돌아가시고, 외할아버지 한 분만 살아 계셨다. 그래서 내가 더 외할아버지를 좋아했고, 방학만 되면 외할아버지한테 놀러 가고 싶어 안달을 했던 기억이 난다.

방학이 되어 외할아버지 댁에 놀러 가면 외할아버지가 그때마다 책갈피에 끼워 놓았던 내 편지를 꺼내 보여 주시면서 어릴 때 이렇게 편지를 잘 썼다고 칭찬도 하고 주위 사람들한테 자랑도 하곤 하셨다. 그 편지는 내가 초등학교 1학년 때 한글을 배우고 처음 쓴 편지였다. 편지지 한 장에 삐뚤빼뚤한 커다란 글씨로 어머니가 불러 주시는 대로 쓴 문안 편지다. 그래서 한편 부끄럽기도 했지만 마음속으로는 기분이 좋았고, 공부를 더 잘해서 이 다음에는 더 잘 써야겠다는 다짐을 하곤 했다. 실제로 그 다음에도 여러 번 편지를 드렸지만 내가 고등학생·대학생이 돼서 찾아가도 외할아버지는 여전히 그 첫 번째 편지를 제일 좋아하셨다.

요즘은 전화가 보급돼서 편지가 거의 없어졌다. 집배원이 전달하는 우편물은 많아졌지만 대부분 무슨 고지서나 홍보물이고 정말 사람 사는 정을 느끼게 하는 편지는 거의 없다. 사실 안부 편지를 쓰려고 해도 이미 전화로 다 해 버린 뒤라 막상 쓰려면 멋쩍기도 하고 딱히 쓸 말도 없다. 중요한 일은 전화로 다 이야기하기 때문이다. 그렇다고 전화처럼 편리한 도구가 있는데 전해야 할 말을 안 하고 일부러 편지로 쓸 필요도 없다.

　　그래서 '독서 편지'를 권하고 싶다. 책을 읽고 나면 누군가한테 차분하게 내 느낌이나 생각을 전할 필요가 있다. 이런 느낌이나 생각은 전화나 말보다는 편지글이 제대로 표현하기에 좋다. 가끔 집안 웃어른께 그동안 이런 책을 읽었다고 편지로 자세히 써서 알려 드리면 좋겠다. 그러면 그다음에 집안 웃어른 댁에 다니러 가서도 좋은 덕담을 많이 들을 수 있을 것이다. 독서 편지가 우리 사회에 사람 사는 정을 느끼게 하는 편지 문화를 되살리는 데 한몫을 했으면 좋겠다.

29

그림책 만들기

　영·유아부터 초등학교 저학년까지의 자녀를 둔 학부모한테 꼭 권하고 싶은 일이 바로 '그림책 만들기'다. 어린이도서연구회에서 지역별로 동화 읽는 어른 모임을 만들 때 가장 먼저 권장했던 일이 바로 '어머니와 자녀가 함께 만드는 그림책'이었다. 처음부터 그림책 만들기는 많은 호응을 받았고, 지금은 여러 지역의 동화 읽는 어른 모임에서 그림책 만들기를 하고, 만든 그림책을 가지고 전시회를 하기도 한다. 그렇게 전시하는 그림책들이 시중에서 사는 그림책보다 훨씬 더 소중하게 느껴진다. 실제로 더 잘 만든 것도 많다.

　자녀가 3세 전이면 '사물 그림책'을 만들어 주면 좋다. 두꺼운 종이나 한지 따위를 이용하여 마음에 드는 크기나 모양으로 빈 책을 만든다. 그리고 그 빈 책에다 신문이나 잡지 광고에 나오는 과일, 곡식, 가구, 자동차, 동·식물 사진을 오려서 붙인 다음에 그 사물의 이름과 특성 한두 가지를 써서 읽어 준다.

　3~5세 정도는 간단한 줄거리가 있는 그림책을 만들면 좋다. 부모의 결혼사진부터 자녀가 태어나고 자라면서 찍어 놓은 사진을 붙여서 이야기를 만들어 낼 수도 있다. 또는 아파트 단지 안에 있는 풀밭이나 나무가 겨울-봄-여름-가을이 되면서 바뀌는 모습을 찍어 두었다가 빈 책에 붙이고 자녀와 함께 이야기 줄거리를 만들어도 좋다. 이런 경우 어른보다는 어린아이들이 만든 이야기 줄거리가 훨씬 더 재미있는 경우를 보았다. 자녀가 5세에서 취학 전의 나이라면 여러 가지 동물이나 식물, 꽃이나 열매, 나비나 잠자리 같은 곤충 사진들을 모아 놓고 자녀와 함께 마음에 드는 것을 골라서 빈 책에 자유롭게 붙여

본다. 처음부터 천천히 넘기면서 이야기를 나누다 보면 자연스럽게 재미있는 한 편의 이야기가 만들어진다.

초등학교 저학년 자녀라면 달력에 있는 명화나 사진, 민화를 활용해서 만들 수 있다. 또 박물관이나 미술 전시회를 견학하고 그곳의 홍보 유인물이나 책을 사서 그림책 만들기에 쓸 수도 있다. 어렸을 때 부모와 함께 만든 아름다운 그림책 한 권이 영원히 즐거운 추억으로 남을 것이다.

30

다양한 주제로 그림책 만들기

그림책을 여러 가지 주제별로 나누어서 만들 수도 있다.

먼저 '시 그림책'은 시를 읽고 그림책을 만드는 것이다. 아이들이 그림책을 만들면서 시를 오랫동안 기억할 수 있고, 시를 자세히 살펴볼 수 있는 연습이 된다. 아이들과 함께 시를 읽고, 시간과 공간 배경을 이야기한 후 인물들의 나이, 직업, 성별, 성격 등을 자세히 살펴본 후 장면을 구성한다. 장면은 연에 따라 나누어도 좋고 이야기의 흐름에 따라 자유롭게 나누어도 좋다. 소포지를 장면 수만큼 잘라 내서 아이들과 잡지, 신문에 나오는 인물이나 물건 등을 오려서 붙이기도 하고 부족한 부분은 그려 넣는다. 마지막 장은 아이들에게 상상력을 발휘할 수 있도록 시를 쓰고 장면을 구성해 보도록 한다. 그리고 장면에 어울리는 시를 쓰면 '시 그림책'이 완성된다.

'역사 그림책'은 아이들이 역사 공부를 하면서 흥미를 갖도록 해 준다. 먼저 책상 달력을 준비한다. 책상 위에 세워 놓는 달력을 이용하면 튼튼하고 멋진 책이 된다. 달력에 세워 놓는 삼각대는 반으로 잘라 앞표지와 뒤표지로 쓰고 숫자가 적힌 속지는 소포지를 잘 오려 숫자가 보이지 않도록 붙인다. 아이들과 함께 찰흙으로 유물을 만들어 사진을 찍은 다음 인쇄해 붙이거나 세밀화로 그린 뒤 오려서 붙이고 간단한 설명을 써 넣는다.

'다시 쓰는 이야기 그림책'은 이야기책이나 인물 이야기를 읽은 후 만들면 내용 흐름도 알고 다음 이야기를 만들면서 상상력이 커질 수 있다. 소포지를 책의 크기로 길게 자른다. 길이는 쪽 수만큼 계산하여 길게 잘라 벽에 붙인다. 장면의 수를 정하고 읽은 책 속에서 중요하게 생각하는 소재, 주제, 인물들을 그려 차례대로 붙여 이야기를 완성한다. '다음에는 어떻게 됐을까?', '나중에 커서 무엇이 되었을까?'와 같은 질문을 던져 자신만의 줄거리를 만들어 볼 수 있도록 한다.

  모든 그림책에 표지를 만든 뒤 제목, 지은이, 출판 장소, 만든 날짜들을 기록해 두면 아이들에게 작가가 되었다는 뿌듯함과 함께 좋은 추억이 될 것이다.

31

책 광고판 만들기

현대는 광고 시대라는 말이 있다. 똑같은 물건이라도 광고를 어떻게 하느냐에 따라 가치 척도가 달라지기 때문이다. 따라서 생산자들은 자기가 만든 물건을 어떻게 하면 소비자들이 좋아할 수 있게 광고를 할까 온갖 궁리를 다 한다.

광고는 이제 현대를 살아가는 사람들이 피할 수 없는 생활의 일부가 되었다. 사람들은 항상 광고를 보면서 살고 있다. 텔레비전·신문·잡지·책은 물론 길거리를 걸어가면서도 항상 광고와 만난다. 이래서 광고는 생산자한테만 중요한 것이 아니라 소비자에게도 아주 중요한 것이 되었다. 생산자는 광고를 잘 만들어야 하고, 소비자는 광고를 잘 읽어야 한다. 현대를 올바르게 살아가기 위해, 광고를 읽고 바르게 파악할 수 있는 능력이 꼭 필요한 시대가 된 것이다. 광고를 만드는 사람은 짧은 시간 안에 정확하게 하고 싶은 말을 전달할 수 있어야 하고, 광고를 읽는 사람은 짧은 시간 안에 광고에 담긴 본질을 꿰뚫어 볼 수 있어야 한다. 이런 점은 독서력에서도 꼭 필요하다. 책 한 권을 읽고 그 책에 담긴 내용과 뜻을 찾아내고, 그것을 다른 사람이 알기 쉽게 나타낼 수 있어야 하기 때문이다. 이런 독서력을 길러 주기 위해 자기가 읽은 책이 '참 좋다'는 느낌이나 생각이 들었을 때 그 책 읽기를 권장하는 '광고지'를 만들어 보게 할 필요가 있다.

그 책을 다른 사람이 읽고 싶은 마음이 일어나도록 짧은 글과 그림을 섞어서 광고를 만든다. 광고 문안은 그 책의 내용, 책에 담긴 뜻, 책을 읽은 자신의 느

낌이나 생각, 그 책을 꼭 읽어야 하는 까닭들을 잘 붙잡아 내서 짧은 글로 쓴
다. 그리고 다른 사람의 눈길을 끌 수 있도록 글자와 문장을 꾸미고, 알맞은 그
림을 그려 넣고, 색을 칠한다.

　마루나 화장실 적당한 곳, 쉽게 볼 수 있는 곳에 광고판을 만들어 놓고 식구
들마다 광고지를 만드는 대로 덧붙인다. 광고는 좋은 책, 감동을 받은 책만을
대상으로 해야 하니까 너무 자주 하거나 정기적으로 하기보다는 꼭 하고 싶은
때 만들어야 한다. 일 년에 단 몇 권이 될지라도.

책 내용을 노래 가사로 만들기

한번은 6학년인 우리 반 어린이들을 데리고 국어과 연구수업을 공개했다. 옛이야기 한 편을 읽고 여러 가지로 표현하기였다. 교재는 『고양이 목에 방울 달기』였다. 이솝 우화인 이 이야기는 '고양이 목에 방울 달기가 좋은 걸 누가 모르나? 그러나 누가 방울을 달 거야? 괜히 방울 달겠다고 나선 사람만 손해지.'라는 논리가 담겨 있다.

우리나라에서 이 이야기가 처음 실린 책은 이광정(李光庭, 1674~1756)이 엮은 『망양록(忘羊錄)』이라는 책인데, 이미 그 무렵 민간에 상당히 널리 퍼져 있었던 이야기임을 추측할 수 있다. 이런 패배주의, 회피주의, 개인 보신주의 논리가 담긴 이야기가 입이나 책으로 계속 퍼지면서 우리 겨레의 근·현대사에 얼마나 많은 피해를 주었을까? 그래서 나는 이 이야기를 읽고 '고양이 목에 방울을 달 수 있는 방법을 찾아보자. 그 방법을 시·노래·만화로 나타내 보자.'고 했다.

연구수업을 참관했던 선생님들이 특히 이 옛이야기 줄거리를 바꿔서 '노래'로 부른 모둠에 박수를 보냈다. 줄거리를 노래 가사로 잘 나타냈기 때문이다. '노래 가사 바꿔 부르기'(노가바)를 독서 교육에 응용한 것이다. 노가바는 80년대 이후 노동운동 현장에서도 많이 해 온 것이다.

책을 읽고 그 줄거리를 자기 생각대로 바꿔서 노래 가사를 만들고, 그 가사를 잘 알고 있는 노래 곡에 맞춰서 바꿔 부르기를 어린이들은 아주 좋아한다. 독서 후 이런 활동은 책 읽기를 어렵지 않게, 재미있게 이끌어 주는 일인 동시에 어린이들을 책의 노예에서 책의 주인으로 자리매김하게 하는 좋은 방법이다. 책을 읽고, 그 책 줄거리를 노래 가사로 만들어 부르기에 적당한 곡은 어린이와 어른이 잘 아는 노래가 좋다. 부르는 사람과 듣는 사람이 다 잘 알아야 금방 따라 부를 수 있기 때문이다. 〈독도는 우리 땅〉, 〈역사를 빛낸 100명의 위인들〉, 〈파란 마음 하얀 마음〉처럼 널리 알려진 동요가 가사를 붙이기에 좋다. 식구들이 함께 부를 수 있는 노래를 선택해서 책의 줄거리·주인공·사건을 잘 간추리거나 자기 느낌이나 생각을 넣어서 가사를 만들면 된다.

33

책 내용을 몸짓으로 나타내기

어머니가 서너 살 아이한테 사물 그림책이나 옛이야기 책을 읽어 줄 때 자연스럽게 목소리와 몸짓을 책 내용에 맞게 나타내면 된다. 호랑이 사진이나 그림이 나오면

"이건 호랑이야, 호랑이. 어흥, 어흥."

하면서 목소리도 호랑이처럼 크게 내려고 하고, 두 손으로 호랑이 움직임을 나타내려고 한다. 그러면 아이도 자연스럽게 따라 하면서 무서워하는 것이 아니라 깔깔거리고 웃게 된다. 이런 몸짓은 억지로 하는 것이 아니라 자연스럽게 마음으로부터 우러나서 하게 되는 것이다. 이렇게 어머니와 아이가 책에 나오는 그림이나 사건에 따라 몸짓을 하면 책 읽기가 훨씬 재미있고 글을 쉽게 받아들이게 된다.

책을 읽고 몸짓으로 나타내기는 유아 때만 필요한 게 아니라 초등학교 어린이들이 독서에 취미를 붙이고 독서력을 높이는 데에도 좋은 자극이 된다. 어린이들은 어떤 상황을 몸짓으로 나타내는 놀이를 좋아한다. 또 책 내용 중에서 중요한 사건이나 등장인물의 행동, 성격을 몸짓으로 나타내려면 그에 대한 정확한 이해가 꼭 필요하다. 몸짓 놀이를 하면서 자연스럽게 등장인물의 행동이나 성격을 알아채는 힘이 길러질 수 있고, 사건을 간단명료하게 간추릴 수 있게 될 것이다.

요즘 텔레비전 예능 프로그램에서 낱말이나 속담을 한 사람이 몸짓으로 나타내면 다른 사람이 알아맞히는 방식이 자주 나온다. 이처럼 어른과 어린이가

그림책이나 동화책을 같이 읽고 그 책에 나오는 등장인물이나 소품, 낱말이나 짧은 문장을 몸짓으로 나타내고 알아맞히기를 한다. 최소한 세 식구만 있으면 할 수 있다. 한 사람이 먼저 몸짓을 하면 다른 두 사람 가운데서 먼저 맞히는 사람과 몸짓을 한 사람이 1점을 따고, 득점한 사람이 자기가 찾아낸 낱말이나 문장을 몸짓으로 나타낸다. 몸짓을 한 사람한테도 맞힌 사람과 같은 점수를 주는 까닭은 알기 쉽게 정확한 몸짓을 하도록 이끌기 위함이다. 이런 기초 활동이 잘 되면 핵심 사건을 무언극으로 나타내기 놀이를 즐겁게 할 수 있다.

책에 나오는 이야기 중 여섯 장면 정도를 선택하여 아이들에게 몸짓으로 표현하게 한 후 사진을 각각 찍어 둔다. 다 찍은 후 여섯 장면을 동영상으로 만들어 본다. 사진을 이어서 동영상을 만들 수 있는 프로그램이 컴퓨터에도 있고, 스마트폰에서도 가능하다. 사진 옆에 책 장면의 내용을 간단히 적어도 좋고, 장면에 어울리는 새로운 이야기를 만들어 넣어도 좋다. 이것이 완성되면 아이들 자신이 만든 e-북이 탄생하게 된다.

34

책 읽고 인형극 하기

독일 여행을 갔을 때 괴테가 살았던 집을 구경할 기회가 있었다. 괴테는 근·현대사에서 중요한 위치를 차지하고 있는 사람이다. 괴테의 대표작인 『파우스트』를 많은 사람들이 기억하듯이, 그는 문학가로 널리 알려져 있다. 그러나 교사인 나한테는 새로운 교육의 씨앗을 심어 준 사람이라는 점에서 더 큰 관심의 대상이다. 21세기를 위한 새로운 학교로 관심의 대상이 되고 있는 슈타이너의 교육철학이 괴테의 영향을 상당히 받았기 때문이다.

그래서 괴테의 집을 꼭 한번 가 보고 싶었고, 괴테의 집에 갔을 때 다른 누구보다 감회가 깊었다. 괴테의 집을 돌아보다 2층의 한 방에서 한참을 서 있었다. 바로 인형극 틀이 있는 방이었다. 괴테가 어릴 때 옛이야기나 동화 인형극을 자주 했다는 인형극 틀이었다. 인형극 틀은 인형극을 위한 작은 무대장치라고 할 수 있다. 괴테는 어렸을 때부터 저 인형극 틀을 갖고 놀면서, 그리고 인형극 놀이를 하면서 무한한 꿈의 세계를 맛보았을 것이다.

나는 그 작은 인형극 틀을 보면서 우리나라도 어린이가 있는 집이라면 이렇게 작은 인형극 틀이 있으면 얼마나 좋을까 생각했다. 아니 꼭 인형극 틀이 아니라도 좋다. 어린이들이 인형극을 할 수 있는 작은 장치라도 해 주면, 어린이의 인형극 놀이를 즐겁게 보아 줄 수 있는 어른이 있다면 얼마나 좋을까?

3학년을 담임할 때 우리 반 교실에도 인형극 무대를 만들어 수업 시간에도 쓰고, 어린이들끼리 놀 때도 쓰게 했다. 무대는 큰 냉장고 상자를 이용해서 만들었다. 냉장고 상자를 세워 놓고, 한쪽에 어린이들이 보기 좋은 높이에 네모난 문을 내고, 그 안에서 어린이들이 만든 인형을 가지고 공연을 했는데, 무척 좋아했다.

인형극 장치는 부모가 관심만 있으면 집에서도 쉽게 만들 수 있다. 라면 상자를 이용해서 ㄷ자로 만들어도 되고, 각목이나 조립식 골재를 사다가 ㄷ자로 만들고 식탁보나 천으로 두르면 된다.

인형극 장치가 번거로우면 손가락 인형을 만들어 보자.

손가락에 끼울 수 있을 크기로 종이를 오려 책에 나오는 등장인물들의 얼굴을 그리고 색칠한다. 인형을 손가락에 끼고 아이들과 함께 인형극을 해 본다. 아이들이 주변에 있는 물건을 이용하여 즐겁게 연극을 할 수 있도록 이끌어 준다. 요즘 아이들의 놀이문화가 휴대전화와 게임기 안에 있는 게임이 대부분을 차지하고 있어 걱정스럽다. 책을 읽는 즐거움을 알게 해 주는 연극을 아이들과 함께 해 보면서 책에 대한 흥미가 커지길 기대해 본다.

35
책 읽고 가족 연극하기

어린이들이 좋은 책을 많이 읽기를 바라는 까닭은 이를 통해서 좋은 정서와 올바른 가치관, 나아가 아름다운 상상력을 펼치게 되기를 바라기 때문이다. 곧 독서의 최종 목적은 아름다운 상상력을 갖게 하는 데 있다. 어려서부터 아름다운 상상의 기쁨을 맛본 사람만이 아름다운 삶을 찾게 되고, 아름다운 사회를 꿈꾸게 되고, 그런 삶과 사회를 만들어 낼 수 있는 힘을 내뿜게 된다. 다시 말하면 아름다운 상상력을 꿈꿀 수 있는 사람이 많아야 역사를 앞으로 나아가게 할 수 있다. 문익환 목사의 꿈을 비는 마음이 통일의 길을 열어 가듯이.

독서로 상상력을 기르려면 책 내용에 대한 이해·분석·비판·종합을 바탕으로 재창조를 경험하게 해야 한다. 그 재창조의 방법으로 가장 효과가 큰 것이 바로 읽은 책을 연극으로 만들어 보는 일이다. 지금까지 소개한 내용들은 이해와 분석, 비판력 향상을 위한 것이 많았다. 이제 그 총화로 재창조의 꽃인 연극하기를 권장한다.

책을 읽고 그 내용을 연극으로 나타낼 때는 굳이 똑같이 하려고 애쓸 필요가 없다. 인물의 성격과 사건의 흐름을 바탕으로 줄거리에 대충 맞춰서 즐겁게 펼쳐 나가면 된다. 내용을 상당 부분 고쳐도 되고, 전혀 다르게 바꿔도 상관없다. 오히려 이렇게 독자의 생각을 넣어서 내용을 새롭게 만들라고 더 권하고 싶다. 분장이나 소품도 책 내용대로 만들려고 할 필요가 없다. 오히려 분장은 안 하는 게 좋고, 하더라도 최소한으로 해야 좋다. 소품도 집에 있는 생활용품이나 재활용할 수 있는 것으로 해야지 돈을 들여 살 필요가 없다. 필요한 소품이 집에 없을 때는 종이에 소품 이름을 써서 붙이고 하거나, 허공에다 손가락을 대고 '여기가 냇물, 이건 황소'라는 식으로 한 번 써 주면 된다. 그러면 정말 그 자리가 냇물로 여겨지고, 그 자리에 이중섭의 흰 소가 힘차게 내달리는 모습이 그려지는 것이다. 그게 연극이고, 창조고, 상상력이다.

이렇게 식구끼리 재미있게 해 보면 되는 것이고, 가끔 이웃을 저녁 식사나 하자고 초대해서 보여 주면 좋은 생활문화로 자리매김할 것이다.

3장

좋은 책 고르기

36

어떤 역사책을 읽을까

"5학년 남자 어린이인데 책을 아주 많이 읽어요. 이제는 어른들이 읽는 어려운 책도 잘 읽어요. 특히 역사책을 좋아하는데, 좋은 역사책 한 권 소개해 주세요."

자녀가 어떤 역사책을 읽고 있는가 되물으니 선뜻 대답을 못 했다. 한참 생각하더니 『왕비 ○○』을 읽는다고 했다. 이런 부모는 사실 자녀가 책을 많이 읽는다고 자랑하려고 질문했다고 볼 수밖에 없다. 그러나 과연 초등학교 5학년 어린이가 『왕비 ○○』을 읽는 것을 좋은 독서 태도라고 말할 수 있을까? 더구나 최근 자녀가 재미있게 읽은 책 제목을 몇 가지만 말해 보라고 했을 때 말하지 못했다. 내가 책 제목을 몇 가지 말해 달라고 한 까닭은 그 어린이의 독서 수준과 독서 취향을 알아보기 위해서였다. 그런데 자기 자녀가 책을 잘 읽는다고 자랑하던 어머니가 막상 자녀가 어떤 책을 재미있게 읽느냐는 질문에는 대답하지 못했다. 곧 자녀가 책을 읽는 모습만 보았지 실제로 어떤 책을 읽고 있는가는 살펴보지 않았다. 관심조차 없었는지도 모른다.

나는 그 어머니에게 어떤 역사책을 사 줄까를 고민하기에 앞서 자녀가 읽고 있는 책을 다만 몇 권이라도 읽어 보라고 했다. 자녀가 먹는 음식에 관심을 가지듯이 자녀가 읽는 책에도 관심을 가지라고 말했다. 음식은 몸을 살찌우는 것이지만 독서는 바로 마음을 살찌우는 일, 영혼을 살리는 일이다. 어떤 책을 읽느냐에 따라 마음과 영혼에 큰 영향을 끼친다. 그런데 자녀가 좋아하는 음식 이름은 쉽게 대답하면서 자녀가 좋아하는 책을 선뜻 말하지 못하는 경우가 많다. 이는 자녀 마음과 영혼에 먹일 음식이 무엇인지도 모르는 경우와 같다.

5학년이면 사회 시간에 우리나라 역사를 배운다. 따라서 역사책을 많이 읽으면 교과 학습에도 도움이 된다. 그렇다고 처음부터 딱딱한 역사책을 권장하기보다는 이야기체로 쓴 역사책을 권장하면 좋겠다. 옛날이야기를 읽는 기분으로 즐겁게 읽다 보면 자연스럽게 역사에 취미를 느끼게 되고, 다른 책으로 넓혀 가는 계기가 될 수도 있을 것이다.

그래도 아이가 역사책을 읽기 싫어한다면 먼저 좋은 만화를 읽혀도 좋겠다. 역사와 관련된 좋은 만화책이 시중에 많이 나와 있다. 그림이 흥미만을 끌기 위한 쪽으로 치우쳐 있거나 내용이 왜곡된 만화책은 제외하고 좋은 만화책을 골라 읽힌 후, 아이가 역사에 흥미를 갖기 시작하면 사계절 출판사 '역사 일기'처럼 역사를 바탕으로 상상력을 자극하는 책을 권해 주면 좋겠다. 통사는 그 다음에 권하면 좋겠다.

37
역사책을 고르는 관점

“6학년 아이한테 역사책을 사 주고 싶은데, 역사책을 고르는 기준을 알려 주세요.”

우리 겨레 어린이들이 올바르게 자라게 하기 위해 해야 할 중요한 일 가운데 하나가 역사를 바르게 알게 하는 데 있다고 해도 지나친 말이 아닐 것이다. 역사는 자아 정체성 확립과 밀접하게 연결되어 있기 때문이다. 단재 신채호가 “민족이 살고 죽기는 역사에 있다.”고 말했던 까닭도 여기에 있다. 소중한 우리 겨레 어린이들이 자아 정체성을 올바르게 키우도록 하려면 어린이가 읽을 역사책을 고를 때 다음 사항을 염두에 두고 골라야 한다.

첫째, 등장인물들이 쓰는 말이나 말투가 품격이 있는 쉽고 깨끗한 우리말로 쓴 책을 골라야 한다. “~놈이라고 욕을 했다.”, “쑥밭으로 만들었다.”, “제 손아귀에 넣었다.”, “궁예를 때려잡았다.”, “오냐, 네놈의 코를 납작하게 꺾어 주마.”, “세월만 잡아먹었다.”, “성종은 윤 씨에게 폭삭 빠졌다.”, “임금을 떡 주무르듯이”, “조선 연안을 희롱했다.” 따위와 같은 저속한 말을 거침없이 쓰고 있는 책은 좋지 않다.

둘째, 우리 역사를 우리 눈으로 바라보고 쓴 책을 골라야 한다. 중국 한나라가 옛 조선을 ‘침략’한 전쟁을 ‘정벌’이라고 왜곡했거나, 안중근 의사가 ‘순국’한 사건을 ‘사형’ 따위로 쓰는 것처럼 개념이 틀린 언어로 서술한 책, 개념 없는 역사책을 무심코 권하는 죄를 지으면 안 된다.

셋째, 식민사관에서 벗어나지 못한 역사책인가 아닌가를 봐야 한다. ‘이씨

조선', '이조백자', '대동아전쟁'처럼 아직도 일본 제국주의가 만든 역사관에 따른 용어를 그대로 쓰고 있는 역사책들이 있다. 최근에는 뉴라이트 계열 학자들이 일제가 주장하는 한반도 식민지 근대화론을 그대로 차용해서 마치 새로운 학설인 양 내세우는 후안무치한 경우도 있다.

초등학교에서 역사는 5·6학년 때 배운다. 그 아래 학년에서는 생활문화를 조금씩 다루고 있다. 따라서 4학년까지는 신화·설화·민화나 생활문화사 관련 책을 권하고, 5·6학년 때부터 역사책을 권하는 것이 좋다.

자녀의 독서 능력과 역사에 대한 흥미 정도를 살펴보고 그에 알맞은 내용과 부피로 나누어 묶은 책을 선택해야 좋다. 독서 능력이 좋으면서 역사에 대한 흥미도 많으면 통사 중심으로 쓴 책이나 좀 두껍게 묶은 책도 괜찮겠다. 그러나 책 읽기를 싫어하거나 역사에 흥미가 없다면 만화나 이야기로 바꿔 쓴 책을 골라 주는 배려도 필요하다.

38

새로운 방식으로 쓰는 역사책

역사책은 오랫동안 왕조 변화에 따라 큰 사건이나 위인을 중심으로 쓰는 방식이었다. 어린이들이 보기 쉬운 '이야기 역사'라고 해도 서술 방식만 다를 뿐 크게 다르지 않았다. 그러다 1980년대 이후 민중사나 생활사나 문화사 중심으로 쓰는 역사책이 나오기 시작하였다. 21세기에 들어서면서 어린이를 위한 역사책에서도 왕조사를 벗어난 역사책들이 나오기 시작하였다. 그 대표로 꼽을 수 있는 것이 사계절 출판사에서 펴내는 '역사 일기'다. 사계절 출판사는 이미 1997년에 『역사신문』(1~6, 역사신문편찬위원회 엮음)을 펴냈고, 2007년에 『한국생활사박물관』(한국생활사박물관 편찬위원회 엮음) 12권을 완간하였다. 이런 경험과 자산을 바탕으로 '역사 일기'라는 새로운 방식으로 쓰는 역사책을 펴내고 있다.

'역사 일기'는 한 시대를 대표할 수 있는 주제를 정해서 그 시대 어린이가 일기를 쓰는 방식으로 쓴 역사책이다. 지도와 사진과 그림 자료를 적절하게 잘 배치해서 약점을 보완하고 있다. 『곰 씨족 소년 사슴뿔이, 사냥꾼이 되다』(조호상·송호정 글, 김병하 그림), 『고조선 소년 우지기, 철기공방을 지켜라』(송호정·김남중 글, 이강 그림), 『고구려 평양성의 막강 삼총사』(송언·임기환 글, 김주경 그림), 『화랑이 되고 싶었던 신라 소년 한림』(강무홍·나희라 글, 이수진·차재옥 그림), 『꼬마 와박사 소마, 미륵사에 가다』(박효미·김영심 글, 정은희 그림), 『불과 흙의 아이 변구, 개경에 가다』(김남중·서성호 글, 이영림 그림), 『부산 소학생 영희, 경성행 기차를 타다』(안미란·장경준 글, 김종민·이준선 그림), 『백발백중 명중이, 무관을 꿈꾸다』(박상률·염정섭 글, 이영림·이준선 그림), 『얼음 장수 엄기둥, 한양을 누비다』(이영서·이욱 글, 김창희·김병하 그림) 같은 제목에서 알 수 있듯이 그 시대 특성을 잘 잡아서 일기체로 구성하였다. 어른이 쓴 글이지만 어린이가 주체가 되어 어린이의 눈으로 역사를 보면서, 현실을 살아가는 어린이들과 똑같이 자기 꿈을 이루기 위해 열심히 살아가는 모습에 공감을 느끼도록 하고 있다. 사계절 출판사에서는 해마다 '어린이 역사 일기 쓰기 대회'를 하는데, 전국에서 보내오는 아이들이 쓴 역사 일기를 보면 재미있는 글도 많다. 책을 보며 자라는 아이들의 생각을 엿볼 수 있다.

『고만녜』(문영미 글, 김진화 그림, 보림)는 대한제국 말기에 두만강을 건너 새로운 땅을 찾아가던 사람들의 이야기를 고만녜라는 한 여자 어린이의 눈으로 그린 것이다. 사실은 글쓴이의 가족사이면서 우리 겨레의 소중한 민중사다. 우리 근대사에서 중요한 위치에 있는 북간도 명동촌이 만들어진 과정과 그 마을에서 살았던 조상들의 이야기를 할머니한테서 들은 그대로 누구나 읽기 쉽게 풀어냈기 때문이다.

『나무들도 웁니다』(이렌 코앙-장카 글, 마우리치오 A. C. 콰렐로 그림, 염명순 옮김, 여유당)도 독특한 역사책이다. 네델란드 암스테르담 프리센흐라흐트 263번지 뒤뜰에 150년 전부터 살고 있는 나무, 마로니에가 들려주는 한 소녀에 대한 이야기다. 그 소녀가 바로 『안네의 일기』를 쓴 열세 살 때 안네다. 히틀러 나치주의자들이 유대인을 잡아다 학살했던 역사를 안네의 일기와 그런 광경을 지켜보는 한 그루 나무의 눈으로 그려 내고 있다.

『기이한 책장수 조신선』(정창권 글, 김도연 그림, 사계절)은 인물 이야기지만 역사책에 정식으로 나오는 인물을 다룬 것은 아니다. 조선 영조와 정조 때 사람인 추재 조수삼(1762~1849)이 쓴 책에 조생이라는 책장수에 대해 쓴 글을 바탕으로 그 시대 생활 모습과 역사 흐름을 풀어놓았다. 역사책이 아니면서도 역사 흐름과 변화 과정을 보여 주는 독특한 책이다. '징검다리 역사책'이라고 부르기에 손색이 없다. 이 책이 '징검다리 역사책 2'이고, '징검다리 역사책 1'은 『문명과 역사를 만든 소금 이야기』(김아리 글, 김숙경 그림, 사계절)이다.

역사책을 이렇게 다양한 방식으로, 독특한 방식으로 새롭게 쓰는 노력을 작가나 출판사들이 계속해 나간다면 우리 역사를 아이들이 훨씬 더 쉽고 재미있게 알 수 있겠다. 그리고 우리 역사도 훨씬 풍요로워질 것이다.

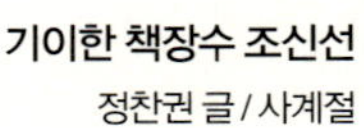

기이한 책장수 조신선
정찬권 글 / 사계절

39

가슴 아픈 이야기도 기억해야 할 역사다

역사는 기쁜 일이나 슬픈 일이나 다 감싸 안아야 한다. 역사 가운데는 어린이들한테 설명하기 어려운 가슴 아픈 사건도 많다. 아마 근현대사에서 가장 어려운 사건들이 노근리 학살이나 일본군 위안부 사건 같은 것들일 것이다.

노근리 학살은 미군이 직접 주도한 학살이기 때문에 현 상황에서 거부감을 갖는 사람들이 있고, 위안부 사건은 성폭력과 직접 관련이 있기 때문에 어린이 책 소재로 삼기가 쉽지 않다. 『노근리, 그 해 여름』(김정희 글, 강전희 그림, 사계절)은 6·25 전쟁 초반에 미군이 전쟁 피난민들을 학살한 사건을 다루고 있다. 『끝나지 않은 겨울』(강제숙 글, 이담 그림, 보리), 『꽃할머니』(권윤덕 글·그림, 사계절), 『소녀 이야기』(김준기 글·그림, 리젬)는 모두 제2차 세계대전 중에 일본군이 조선 땅에서 어린 소녀들을 강제로 끌어다 성폭행을 했던 사건을 다룬 책이다. 『끝나지 않은 겨울』은 김순덕 할머니와 배봉기 할머니의 이야기를 토대로 썼고, 『꽃할머니』는 심달연 할머니의 증언을 바탕으로 썼고, 『소녀 이야기』도 정서운 할머니가 주인공이다. 다른 두 그림책과 달리 애니메이션으로 표현한 점이 독특하다. 이런 가슴 아픈 역사를 어린이의 눈높이에서 보여 주고, 전쟁과 평화와 인권에 대한 생각을 넓혀 주는 일은 미래를 위해서도 꼭 필요하다. 역사는 기억해야만 역사가 되며, 많은 사람이 기억하면서 비판하고 반대해야만 되풀이되지 않기 때문이다.

『대추리 아이들』(김정희 글, 홍정선 그림, 사계절)은 한강 이북에 있는 미군 기지들을 평택으로 옮기는 과정에서 고향에서 쫓겨나야 되는 아이들의 이야기다. 그런 엄청난 일을 어린이의 눈으로 보고, 어린이들이 직접 느끼는 과정을 담아내기가 쉽지 않은데, 글쓴이는 직접 현장에 가서 그 고통을 함께하면서 풀어 담았다.

『팔푼돌이네 삼형제』(권정생 글, 김이은 그림, 현암사)는 안동 지역에 사는 톳제비 이야기다. 그런데 톳제비들이 주인공인 동화 속에서 1980년 5월 광주민주항쟁, 1987년 6월 민주항쟁, 1988년 남북 학생 회담, 1989년 문익환 목사 방북 사건을 녹여 내면서 그 본질을 꿰뚫어 보여 주고 있다. 1980년대 역사를 어린이들한테 보여 줄 수 있는 보기 드문 책이다.

어린이들한테는 역사를 숫자로 가르치면 안 된다. 역사는 사람들이 살아가는 이야기로 들려주어야 한다. 함께 기뻐하거나 슬퍼하고, 가슴 아파할 수 있는 이야기로 가슴속에 녹아들도록 해야 하는 것이다.

팔푼돌이네 삼형제
권정생 글 / 현암사

40

인물 전기를 보게 하자

좋은 책 고르기

"4학년이 되는 남자아이와 6학년이 되는 여자아이를 두고 있는 엄마입니다. 두 아이 다 책 읽기를 무척 좋아합니다. 그래서 이번 봄방학 때 의미 있는 독서 활동을 해 보고 싶은데, 어떤 활동이 좋을까요?"

두 어린이 모두 책 읽기를 좋아한다고 하니 조금 힘든 활동도 할 수 있을 것 같다. 4학년, 6학년 국어와 사회 교과서를 먼저 죽 훑어보면 좋겠다. 책장을 천천히 넘기면서 어떤 인물에 관한 이야기가 나오는지 살펴본다. 요즘은 교과서 속 인물들을 소개하는 책도 많이 나와 있으니 참고해도 좋겠다.

국어나 사회 교과서에 나오는 인물을 조사하고, 가족회의 시간을 마련해서 그 인물에 대해 알고 있는 내용을 이야기 나눈다. 너무 깊이 이야기 나눌 필요는 없다. 먼저 어린이가 알고 있는 내용을 이야기하고, 아버지나 어머니가 간략하게 보충해 주는 정도면 좋다.

인물에 대한 이야기 나누기가 끝났으면 아버지·어머니·어린이가 흩어져서 각자 읽고 싶은 인물 다섯 명을 정해서 쓴다. 다 쓴 다음에 다시 모여서 서로 견주어 보고, 그 인물에 관한 책을 읽고 싶은 까닭을 한마디씩 하도록 한다.

이렇게 이야기 나누기가 끝났으면 꼭 다시 읽고 싶은 인물 세 명을 선택하도록 한다. 모든 식구가 같은 인물을 정해도 좋고, 서로 다른 인물을 선택해도 좋다. 같은 인물을 선택해서 읽을 경우에는 독서가 끝나고 나서 가족 독서 토론을 하면 되고, 다른 인물을 선택해서 읽을 경우에는 독서가 끝난 다음에 서로 읽은 책의 인물에 대해 소개하기를 하면 되기 때문이다. 어떤 방법을 선택할 것인가를 먼저 논의하는 것도 좋겠다. 책도 주변에 있는 공공 도서관을 찾아가서 빌려서 보는 체험을 해 보는 것도 좋겠다.

우리교육 출판사에서 근·현대사 인물을 찾아서 출판한 인물 이야기가 30여 권이나 된다. 사계절 출판사에서도 꾸준히 현대사 인물 이야기를 출판하고 있다. 문익환·신동엽·전태일·조화순·이소선·윤영규처럼 현대사에서 많은 일을 한 사람들의 이야기를 찾아서 읽으면 좋겠다. 민주주의가 발전하려면 민주주의 역사를 만들기 위해 애쓴 역사와 그 역사를 일군 사람들을 기억해야 한다. 역사는 기억하지 않으면 사라지고, 퇴보하게 된다.

41

새로 쓴 인물 이야기들

위인전기는 삼국시대와 고려와 조선 시대 위인들이 있고, 항일민족투쟁기 인물들이 많다. 이순신이나 을지문덕이나 화랑들의 이야기는 대한제국 시기 신채호를 비롯한 애국계몽운동가들이 많이 썼고, 김구나 유관순이나 안중근을 비롯한 항일투쟁기 인물들은 해방 후 이원수를 비롯한 어린이 문학가들이 많이 썼다. 1980년대에는 전태일 같은 1970년대 노동운동가 이야기가 어린이 책으로도 나왔다. 그런데 1990년대 넘어서면서 그동안 전쟁 중심의 위인전에 대한 비판이 일어나면서 문화·경제·과학 쪽 인물 이야기들이 많이 나왔다. 그러나 현대사에서 중요한 민주화 투쟁기가 지나고 10년이 넘도록 민주화를 이끌었던 인물들에 대한 이야기는 그다지 나오지 않았다. 다행스럽게도 2010년 전후로 사계절이나 한겨레아이들이나 우리교육 출판사를 비롯한 몇몇 출판사에서 민주화 투쟁기 주요 인물들의 이야기를 내기 시작하였다. 특히 우리교육 출판사가 꾸준하게 다양한 부문에서 현대 인물전을 새롭게 펴내는 일에 앞장서고 있다.

『오선지 위에 평화를 그리다—세계의 작곡가 윤이상』(김바다 글, 이상권 그림, 우리교육)은 윤이상이 살아온 이야기다. 윤이상은 독일에서 음악 활동을 하다가 동백림 사건으로 곤욕을 치르기도 했지만, 평생을 남북이 평화롭게 살기를 바라는 마음을 음악에 담아 전 세계에 알린 사람이다. 그는 죽어서도 남북 평화가 이루어지지 않았기 때문에 고난을 겪고 있지만, 이 책이 살아 있는 한 평화를 향한 그의 꿈은 사라지지 않을 것이다.

『잠든 세상을 글로 깨우다-실천하는 지성인 리영희』(장주식 글, 원혜영 그림, 우리교육)는 민주주의 정신과 민주주의가 가야 할 길을 밝혀 준 리영희에 대한 이야기다. 리영희는 언론인답게 국가나 이념이 아니라 진실을 가장 중요한 덕목으로 삼았다. 그 무엇보다 진실에 목숨을 건 사람이다. 진실을 지키기 위해 자유와 민주가 필요한 것이고, 국가 역시 자유와 민주를 바탕으로 할 때만 그 존재 가치가 있다고 보았다.

『나를 낮추면 다 즐거워-여성 노동자의 벗 조화순』(오시은 글, 이윤엽 그림, 우리교육)은 도시산업선교회 활동을 통해 노동자들도 사람답게 살 수 있는 세상을 만들기 위해 평생을 바친 조화순 목사의 이야기다. 산업사회로 가는 경제 개발 길목에서 노동자들을 멸시하고 무시하며 누구도 돌아보지 않던 시기에 노동자들 앞에 몸을 낮추고 그들이 스스로 사람답게 살아가는 길을 도와주었다.

『감옥에 간 선생님-참교육의 스승 윤영규』(김성범 글, 이제호 그림, 우리교육)는 전국교직원노동조합을 결성하는 데 앞장서고, 교육 민주화를 추진했던 전교조 초대 위원장이 살아온 이야기다. 한국신학대를 졸업하고도 목사가 아니라 교사의 길을 선택했고, 교사로서의 안정된 삶이 아니라 험난한 참교육의 길을 선택해야 했던 까닭과 그 뜻을 굳세게 지켜 내는 삶이 보인다.

이제는 위인전이라는 말보다는 인물 이야기라는 말을 더 많이 쓰고 있다. 어떤 한 사람이 이룬 업적만 쓰는 것이 아니라 그 사람이 그 일을 하기 위해 걸었

던 길에서 보고 듣고 겪은 이야기들을 솔직하게 담아서 보여 주려고 하는 것
이다. 우리 아이들이 다양한 사람들이 살아온 이야기를 골고루 만날 수 있었
으면 좋겠다. 그리고 민주주의를 계속 지키고 발전시키려면 민주화를 이끌었
던 사람들이 살았던 이야기를 우리 아이들이 가슴으로 만날 수 있어야 한다.

잠든 세상을 글로 깨우다-실천하는 지성인 리영희
장주식 글 / 우리교육

42

히틀러처럼 되고 싶다는 어린이

"5학년 남자 어린이가 얼마 전 독후감 쓴 것을 보았는데, 히틀러 이야기를 읽고 히틀러처럼 되고 싶다고 썼습니다. 어떻게 하면 좋을까요?"

어린이들은 책이나 영화를 보았을 때 자신을 주인공으로 여기는 동일시 심리가 강하다. 그래서 위인전을 읽으면서 그 위인의 삶을 본받고 싶다는 심리, 곧 그대로 따라 하고 싶은 모방 욕구가 강화된다. 이러한 동일시 욕구와 모방 심리를 잘 북돋워 주는 일, 동기 유발을 적절하게 조정하여 주는 일이 중요한 교육 방법이기도 하다. 어린이들한테 위인전을 권장하는 까닭도 이런 교육 효과가 높다고 보기 때문이다. 따라서 어린이들이 얼마든지 모방해도 좋은 위인전을 읽을 수 있도록 지도해야 함은 너무나 당연한 일이다.

전에 어느 어린이 신문에서 위인전집 광고를 보았다. 그런데 그 위인전집에 히틀러를 비롯한 전쟁광, 소위 전쟁 영웅들이 상당수 끼여 있었다. 아직도 히틀러 같은 인물을 위인전에 포함시키고 있으니 걱정이다. 어떤 학자는 인류 역사의 발전에 전쟁이 끼친 공헌이 크다는 말을 했는데, 이처럼 반인간적인 평가는 없다고 본다. 미국에서 11~13세 남자 어린이 두 명이 부모를 살해할 계획을 세우다가 이를 발견한 누나가 신고를 해서 잡힌 일이 있다. 기사 한 구석에 그 어린이들의 물건 중에 나치 휘장이 있었다고 했다. 몇 해 전에 미국의 한 고등학교에서 총기 난사를 했던 기사에서도 그 청소년들이 히틀러 추종자로 히틀러가 자행했던 유대인 학살과 인종 차별 사상을 따르고 있다는 구절을 읽은 기억이 난다.

히틀러가 인류 역사에서 큰일을 낸 사람임은 분명하지만, 결코 큰일을 한 위인은 아니다. 그런데 위인전에 끼여 있고, 책 표지에 위인이라고 규정해 놓았으니, 이를 읽은 어린이가 히틀러를 모방하고 싶다는 글을 쓰는 것이다.

만일 이미 사 놓은 전집에 이런 책이 끼여 있어 읽었다면 히틀러 사상 때문에 일어난 참혹성을 알 수 있는 책, 사회정의나 봉사 부문에서 활동한 사람의 이야기가 담긴 책, 평화의 필요성을 깨닫게 해 줄 수 있는 책을 읽고 비교 평가를 통해 상쇄시킬 수 있는 기회를 주면 좋겠다.

43
이순신 전기의 문제점

"선생님 글에서 '이광수가 쓴 이순신 전기가 오히려 민족 분열과 민족에 대한 경멸감을 길러 줄 수 있다.'고 쓰셨는데, 어떤 점에서 그러한지 더 자세히 알고 싶습니다."

이순신 전기는 크게 두 가지로 나눌 수 있다. 첫 번째는 이순신과 임진왜란이라는 사건을 통해 우리 민족의 역사를 사랑하는 정서를 심어 주는 책이고, 두 번째는 오히려 민족의 역사를 경멸하고 미워하게 하는 책이다. 첫 번째와 같은 정서를 심어 주는 이순신 전기로는 신채호가 쓴 『성웅 이순신』이 있고, 두 번째와 같은 정서를 확산하는 이순신 전기로는 이광수가 쓴 『이순신』을 예로 들 수 있다.

신채호가 쓴 이순신 전기는 대한제국 말인 1908년 《대한매일신보》에 연재했던 글이다. 일제에 의해 금서가 되었음에도 항일 투쟁기에 꾸준하게 읽힌 책 가운데 하나다. 신채호는 이순신의 능력 및 품성을 중심으로 함께 싸운 병사 및 백성들을 임진왜란이라는 외환을 이겨 낸 역사의 동반자로 느낄 수 있도록 도와주고 있다.

이광수가 쓴 이순신 전기는 1931년 《동아일보》에 연재한 글이다. 그는 임진왜란이라는 외환을 이겨 내는 주인공으로 오직 이순신 개인만을 성웅으로 만들고, 그 밖의 인물들을 나약하고 비열하며 무지몽매하게 그려 놓았다. 그 대표 인물로 원균과 선조를 설정하고, 이 두 사람을 비롯한 대부분 등장인물에 대해 객관성 있는 평가보다는 감정에 치우쳐 비난하는 글이 많다.

이 때문에 이광수가 쓴 『이순신』을 읽은 독자들은 이순신에 대한 흠모에 비례하여 원균이나 선조를 비롯한 조선 사람을 혐오하고 경멸하는 감정을 갖게 되고, 나아가 민족과 민족의 역사까지도 혐오하게 된다. 민족 분열과 내분을 부채질하면서 황국 신민화의 정당성을 입증하기 위해 광분하였던 일제 문화 정치에 앞장 선 친일 문학의 한 유형인 것이다.

우리 겨레의 어린이들이 올곧은 겨레의 어린이로 자랄 수 있기를 바란다면 역사를 일궈 온 위인이 당시 상황에서 어떻게 동료 및 민중과 함께 살았는가를 보여 줄 수 있는 위인전을 골라 줘야겠다.

44

전태일 이야기

"위인전 권장 도서 목록에 전태일이 들어가 있는데, 어린이들한테 읽혀도 되나요? 어린이들한테 꿈과 희망을 줘야 하는데 전태일 책은 마지막이 너무 비극적이지 않나요?"

우리나라는 어린이를 대상으로 출판한 책 가운데 노동자의 삶이나 노동운동을 다룬 책이 없다. 언뜻 우리나라 노동운동의 역사가 짧아서라고 말할 수도 있다. 그러나 1920년대부터 시작한 일제하 노동운동은 민족 해방을 지향하는 항일운동의 한 부문 운동으로 치열하게 진행되었는데도, 그 당시 독립운동을 다룬 역사책에서 노동운동에 대한 기록을 찾아보기 어렵다.

1970년대 전태일 열사의 투쟁을 기점으로 다시 불붙기 시작한 노동운동 역시 어린이들을 대상으로 하는 책에서는 보기 어렵다. 30년 동안에 노동운동이 얼마나 인간 해방의 역사에 기여했는가를 따지기 전에 우리 아이들 대다수는 노동자들이 부모다. 노동자 자녀들한테 노동자인 부모의 삶을 진실하게 보여 주고, 그 삶 속에서 인간답게 살아가는 자긍심을 깨닫도록 가르쳐야 한다. 부모 삶을 제대로 이해하지 못하는 아이들, 자기 부모가 노동자임을 인식하지 못하고 노동자를 멸시하는 아이들이 한 인간으로 올바르게 자라기는 어려운 일이다.

이런 의미에서 『청년 노동자 전태일』(위기철 글, 안미영 그림, 사계절)은 노동자들의 삶과 노동운동가의 꿈을 담아낸, 어린이들을 위한 책이라고 할 수 있다. 불행한 현실 속에서도 희망을 잃지 않고, 나 혼자만의 행복이 아니라 이웃과 함께 잘 살아가는 삶을 추구한 전태일의 삶을 일기를 바탕으로 읽기 쉽게 정리하였다.

그럼에도 불구하고 학부모를 대상으로 하는 독서 교육 강연을 할 때 가끔 전태일을 읽게 해도 되느냐는 항의성 질문을 받을 때가 있었다. 마지막 분신자살이 거슬린다는 것을 그 까닭으로 든다.

나는 이런 질문을 받을 때마다 단호하게 말한다. 전태일 열사의 이야기는 이 땅에 사는 사람이라면 어른이나 어린이나 다 읽어야 한다고. 그리고 우리 겨레 최고의 어린이 문학 작가, 평생 이 땅의 어린이를 위해 글을 쓰신 이원수 님이 전태일 열사의 분신 기사를 오려서 몇 개월이나 가슴에 품고 다니시다 쓰셨다는 동화 「불새의 춤」[『꼬마 옥이』(이원수 글, 이만익 그림, 창비)에 실려 있음]도 꼭 읽어 볼 것을 권한다.

청년 노동자 전태일
위기철 글 / 사계절

45

독도에 관한 책을 권하자 1

"초등학교 5학년에 다니는 아들한테 독도가 우리 땅임을 잘 알려 줄 수 있는 책을 권하고 싶습니다. 어떤 책이 좋을까요?"

초등학교 5학년이면 역사나 사회 문제에 관심을 갖기 시작하는 무렵이다. 따라서 텔레비전이나 신문 기사를 바르게 보도록 이끌어 줄 필요가 있다. 대학 논술 시험 때문에 신문 사설을 공부하는 모임도 있지만, 이보다는 언론 매체를 바르게 볼 수 있는 눈을 길러 주기 위해 더 필요하다.

미국 대통령이었던 케네디의 아버지는 아침 식사 때 아들과 신문 기사에 대한 이야기를 나눴다고 한다. 이렇게 날마다 할 필요까지는 없겠지만, 언론 매체를 활용하는 일도 독서력을 높이는 한 방법이 된다. 아이와 사회의 중요한 논란거리로 떠오르는 문제에 대해 가벼운 수준이라도 이야기를 나누고, 아이가 흥미를 보이면 기사를 스크랩하고, 그 문제를 이해하는 데 도움이 될 책을 권해서 독서의 수준을 높여 나갈 수 있다.

요즘 독도에 대한 문제가 다시 부각되고 있다. 우리 겨레 어린이들이 진정한 우리 겨레 어린이로 자라기를 바란다면 독도 분쟁의 현실을 이해할 필요도 있다. 아이들에게 우리 겨레가 독도를 어떻게 지켜왔는가를 쉽게 알 수 있는 책을 권해 줘야 한다.

독도에 관한 책은 그래도 많이 나와 있는 편이다. 그 가운데 어린이들한테 권하고 싶은 책으로 『독도야 간밤에 잘 잤느냐』(한도훈 글, 스튜디오 돌 그림, 온누리), 『독도를 지키는 사람들』(김병렬 글, 신혜원 그림, 사계절)을 권장하고 싶다.

『독도야 간밤에 잘 잤느냐』는 초등학교 어린이가 울릉도와 독도를 직접 가서 알게 되는 이야기를 일기 글, 편지 글, 견학 글을 섞어서 쓴 동화로, 주인공과 함께 직접 탐방하는 느낌이 든다.

『독도를 지키는 사람들』은 그동안 독도를 지켜 온 민중의 소박하면서 진실한 나라 사랑의 마음이 담겨 있다. 주인공 어린이가 독도에 대해 궁금했던 것을 할아버지의 말씀을 통해 자연스럽게 풀어 주고 있다. 그 할아버지의 말씀도 역사 사실의 근거를 차근차근 밝혀 나가고 있어 좋다.

동화 『강치야, 독도 강치야』(김일광 글, 강신광 그림, 봄봄)도 독도를 배경으로 쓴 꼭 권하고 싶은 동화책이다.

강치야, 독도 강치야
김일광 글 / 봄봄

46

독도에 관한 책을 권하자 2

5학년 아이들에게 '독도가 우리 땅이다, 아니다.'라는 주제로 토론 수업을 한 적이 있다. 아이들은 이구동성으로 당연히 '우리나라 땅'이라고 소리를 질렀다. 아이들에게 "왜 그렇게 생각하는데? 어떤 근거로 그렇게 생각하는데?"라고 캐묻기 시작했다. "무조건 우리나라 땅이에요." 한 아이가 대답했다. 내가 아이들에게 당연한 주제를 제시한 까닭은 독도가 우리 땅이라는 근거를 논리에 맞게 설명할 수 있도록 하고 싶어서다. 일본 교과서에까지 독도를 일본 땅이라고 표기해 놓은 이 마당에 독도를 지키기 위해서는 우리가 독도에 대해 더 많이 알고 있어야 한다. 독도 분쟁이 끊이지 않는 현실에서 자라나는 어린이들은 미래에도 독도를 지켜 낼 수 있는 유일한 희망이다. 아이들과 함께 독도에 관한 책을 읽으면서 함께 이야기를 나눌 수 있는 기회가 많았으면 좋겠다.

『독도를 지켜라』(고정욱 글, 강현정 그림, 연인M&B)는 일본과 독도 분쟁이 전쟁으로 이어진다는 상상력이 발휘된 동화이다. 2022년 박유식과 반 친구들은 독도로 수학여행을 가게 된다. 그곳에서 일본이 독도를 빼앗으려고 쳐들어오면서 전쟁이 시작된다. 반 친구들은 그곳에서 독도를 지키려는 많은 사람들을 보면서 독도가 얼마나 소중한지 절실히 느끼게 된다. 무사히 서울로 돌아온 박유식과 친구들은 독도와 독도를 지키는 수비대가 안전하기를 기도하며 이번 경험으로 독도에 대한 사랑이 한층 커졌음을 느끼게 된다.

『대한민국 독도 교과서』(호사카 유지 글, 허헌경 그림, 휴이넘)는 호사카 유지라는 일본 사람이 지은 책이다. 호사카 유지는 2003년 귀화한 이후 세종대 독도 종합연구소 소장을 역임하며 독도에 대한 연구를 하면서 책을 집필하고 있다. 이 책에서는 일본이 독도에 대한 소유권을 주장하는 이유와 일본 땅으로 만들기 위한 계략이 얼마나 치밀한가를 들려준다. 독도에 대한 일본의 끈질 긴 탐욕을 엿볼 수 있는 책이다. 작가는 독도를 지키기 위해 우리도 일본보다 더 치밀한 계획을 세우고 관심을 가져야 한다고 말하며, 많은 정보를 아는 것이 독도를 지키는 일이라고 단언하고 있다. 그만큼 독도를 둘러싼 역사적 사실들을 알기 쉽게 풀어냈다. '독도 교과서'란 제목답게 신라시대부터 현재까지 독도의 주인이 대한민국임을 여러 자료들을 보여 주면서 조근조근 설명해 주고 있는 책이다.

『강치야 독도야 동해바다야』(주강현 글, 한겨레아이들)는 제주도에 많이 살았던 바다사자 종류인 강치가 들려주는 독도에 관한 역사 이야기인데, 안용복 이야기를 비롯해 독도를 지키기 위해 희생한 많은 조상들의 이야기가 담겨 있다.

『독도야, 우리가 지켜 줄게』(안영선 글, 박은경 그림, 섬아이)는 독도를 주제로 한 동시집이다. 시인의 감성으로 독도에 있는 동·식물에 생명을 불어 넣어 주었다. 사실 묘사에 상상력을 더한 시를 읽으면서 독도에 대한 관심과 사랑하는 마음이 생길 수 있는 책이다.

사고를 확장하는 일과 사회에서 논란이 되는 주제를 내 것으로 풀어낼 수 있는 배경지식은 독서를 통해 확장될 수 있다. 사고력 확장과 논리적 사고는 이러한 배경지식이 얼마나 있는지에 따라 편차가 심하게 나타난다. 아이들이 책을 통해 독도에 대한 사랑과 이해가 더 깊어지면 좋겠고, 이를 바탕으로 우리 땅 독도를 대대손손 지켜 주기를 기대한다.

강치야 독도야 동해바다야

주강현 글 / 한겨레아이들

조상의 슬기가 담긴 과학의 세계

좋은 책 고르기

학부모를 대상으로 독서 강연을 끝내고 질문을 받았다. 한 학부모의 질문이 새삼스러웠다. 초등학교 4학년짜리 아들이 학교 독후감 쓰기 숙제를 한다면서 이순신 전기를 읽다가 갑작스레 "엄마, 어떻게 우리나라에서 최초로 거북선을 만들었어요?"라면서 도저히 믿어지지 않는다는 표정으로 물어서 당황했다고 한다.

학교 교육의 잘못으로 많은 어린이와 어른들이 우리 겨레가 가꿔 온 문화의 소중함은 물론 우수함을 정확하게 이해하지 못하고 있는 경우가 많다. 그 문화를 일궈 온 과학은 더욱 모른다. 세계 최초로 금속활자를 발명했고, 측우기를 만들었고, 거북선을 만들었다는 정도로만 알고 있다.

우리 겨레가 일궈 온 문화에는 깊은 과학기술이 바탕을 이루고 있다. 된장이나 김치 담그기는 물론 집짓기나 배 한 척을 만드는 데도 많은 과학 지식과 기술력이 바탕이 되어야 한다. 이러한 조상의 슬기가 담긴 문화, 그 문화에 담긴 과학성을 어린이들이 이해하기 쉽게 펴낸 책이 있다. 보림 출판사에서 심혈을 기울여 만든 '전통 과학 시리즈'다.

'전통 과학 시리즈'는 각 분야의 전문가들이 옛 조상들의 과학 지식과 기술을 초등학교 어린이들이 자세히 알 수 있도록 구성하고, 글을 풀었다. 초등학교 어린이들이 읽기 쉽도록 더 쉬운 말과 문장으로 풀었으면 좋았을 것 같다는 아쉬움이 있지만, 그 단점을 그림으로 보완하고 있어 다행이다.

『배무이』(최완기 글, 김영만 그림)는 옛날에 조상들이 어떤 배를 어떻게 만들었고 어떻게 발전되어 왔는가를 알려 주고 있다. 쓰임에 따라 만든 나룻배·고깃배·짐배·무역선·싸움배의 특성도 알 수 있다. 배를 만든다는 뜻인 『배무이』를 읽은 어린이라면 거북선을 만든 조상의 과학 지식과 기술에 대해 조금도 의심하지 않을 것이다.

『집짓기』(강영환 글, 홍성찬 그림)는 우리 겨레가 살아온 집의 역사와 구조를 그림으로 보여 주면서 설명하고 있다. 서양식 건축물에서 살고 있는 어린이들이 우리 겨레의 건축 양식과 그 안에 담긴 과학성을 충분히 느낄 수 있을 것이다.

『옷감 짜기』(김경옥 글, 김형준·정진희 그림)는 요즘 생활한복을 입는 사람들이 늘어나고 있기는 하지만 집과 마찬가지로 서양식 옷에 익숙한 어린이들한테 새로운 눈을 갖게 할 것이다. 인류가 처음으로 입은 털가죽에서 실의 발명과 원시 베틀을 고안할 때까지의 과정을 그림과 함께 잘 설명해 놓았기 때문이다.

『고기잡이』(박구병 글, 이원우 그림)는 오래전부터 사용해 온 고기잡이 도구의 발달 과정과 도구에 담긴 과학적 원리에 대해 자세하게 설명해 놓은 책이다. 돌과 작살로 고기를 잡던 시대를 지나 낚시, 통발, 그물로 고기를 잡게 되는 과정이 흥미롭게 펼쳐진다.

『해시계 물시계』(정동찬 글, 이영완 그림)는 조상들이 만든 여러 가지 시계를 탐구·관찰하도록 이끌어 주고 있다. 해와 달의 움직임을 계절의 변화와 연관

시켜 자연과 하나 되게 어우러지는 생활철학이 담긴 과학의 세계로 독자들을
이끌어 주고 있는 것이다.

옷감짜기

김경옥 글 / 보림

48

장애아와 함께하는 삶 1

"우리 학급에 장애아가 있는데, 아이들이 너무 싫어합니다. 장애아를 이해하는 데 조금이라도 도움이 될 수 있는 동화책을 소개해 주세요."

텔레비전에서 소아암 환자들의 애환을 취재하여 방영한 적이 있었다. 지방에 사는 소아암 환자들은 서울까지 와서 치료를 받아야 하는데, 이들을 위해 민간단체에서 운영하던 쉼터가 문을 닫아야 한다는 내용이 나왔다. 쉼터로 임대한 여의도의 한 아파트의 주민들이 반대를 하기 때문이란다. 서울 강남에서는 장애아들이 다니는 학교 건축과 개교를 반대하는 주민들의 시위가 있었다. 조금도 부끄러워하지 않고, 너무나 당연하게 이런 집단행동을 하는 사람들을 보면 앞으로 우리 사회가 걱정이 된다.

우리는 아이들이 장애아들을 무서워하거나 혐오하거나 무시하도록 길러서는 안 된다. 단순히 불쌍히 여기는 동정심만 갖게 해서도 안 된다. 나와 신체적으로 좀 다를 뿐인 친구로 사랑할 수 있게, 조금 불편하더라도 함께 살아가야 하는 이웃으로 이해할 수 있게 길러야 한다. 이런 마음과 눈으로 쓴 동화를 찾아 읽을 수 있는 기회를 주는 일도 부모와 교사가 소홀히 해서는 안 될 작지만 소중한 일이라고 생각한다. 초등학교 저학년 어린이들한테는 『내게는 소리를 듣지 못하는 여동생이 있습니다』(진 화이트하우스 피터슨 글, 데보라 코간 레이 그림, 이상희 옮김, 웅진주니어), 『아주 특별한 우리 형』(고정욱 글, 송진헌 그림, 대교출판), 『휠체어를 타는 친구』(졸프리드 뢱 글, 김라합 옮김, 보리)를 권하고 싶다. 장애아 여동생과 형을 둔 주인공의 마음과 행동을 이해하기가 쉬울 것 같다. 초등학교 고학년 어린이들한테는 『대현동 산 1번지 아이들』(고정욱 글, 이우범 그림, 한겨레아이들), 『악어 클럽』(막스 폰 테어 그륀 글, 신가영 그림, 정지창 옮김, 창비)을 권하고 싶다. 가족에서 한 걸음 더 나아가 장애가 있는 이웃과 학급 친구와 어우러지면서 일어나는 사건들이 독자의 공감을 얻을 수 있는 동화다. 장애가 있는 친구를 어떻게 이해하고 함께 살아야 하는지를 배울 수 있을 것이다. 초등학교 고학년부터 청소년들한테는 『몽실 언니』(권정생 글, 이철수 그림, 창비), 『오체 불만족』(오토다케 히로타다 글, 전경빈 옮김, 창해)을 꼭 권하고 싶다. 몽실이는 6·25 전후의 어려운 시기에 절름발이가 되었지만 인간다운 마음을 잃지 않고 꿋꿋하게 살아가는 주인공이고, 히로타다는 선천적으로 팔다리 없이 태어났지만 정말 당당하게 살아가는 주인공이다. 이 주인공들의 삶을 통해 사람의 겉모습이 아니라 속마음을 볼 수 있기를 기대한다.

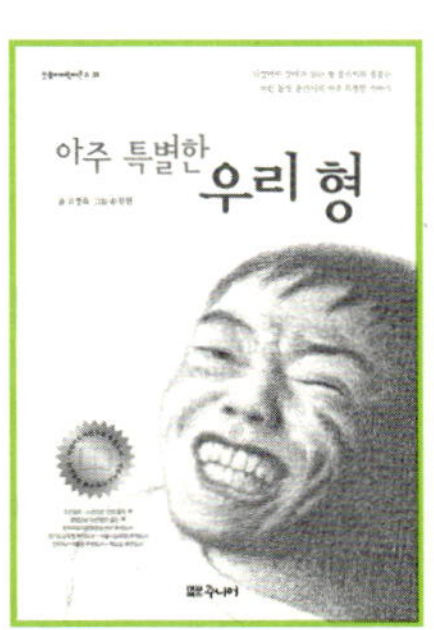

아주 특별한 우리 형
고정욱 글 / 대교출판

49

장애아와 함께하는 삶 2

장애에 대한 편견이 많이 없어졌다고 하지만 장애를 겪는 사람들과 가족들은 많은 어려움을 겪고 있다. 장애인들에 대해 관심을 갖고 그들과 함께 살아갈 수 있는 방법들을 찾는 것은 나라의 미래를 결정짓는 중요한 일 중에 하나라고 생각한다. 장애인들에 대한 편견을 없애는 데 도움을 줄 수 있는 동화 중에 『길아저씨 손아저씨』(권정생 글, 김용철 그림, 국민서관)는 다리 아픈 아저씨와 눈이 보이지 않는 아저씨가 만나 서로 부족한 부분을 채워 가며 슬기롭게 살아간다는 이야기이다. 그림과 함께 글을 읽으면 웃음이 절로 나온다. 두 아저씨가 대견스러워서일까? 서로에게 부족한 부분은 도우면서 스스로 잘할 수 있는 일을 찾아 하는 두 아저씨의 이야기를 읽다 보면 불쌍한 마음보다 열심히 살아가는 모습에서 아이들은 힘을 얻을 수 있을 것이다. 『장애, 너는 누구니?』(고정욱 글, 윤정주 그림, 산하)는 우리 주변에서 흔히 볼 수 있는 장애를 유형별로 나누어 10가지 장애에 대한 이야기와 병에 대한 지식을 알려 주는 책이다. 서로 다른 장애에 따른 배려 방법을 알려 주고 있으며 같은 장애를 다룬 책이나 영화도 소개하고 있다. 흔히 볼 수 있었지만 어떤 병인지 어떻게 불편한지, 도움은 어떻게 주어야 할지 알 수 없었다면 이 책이 많은 도움을 줄 것이라고 생각한다.

『잠옷 파티』(재클린 윌슨 글, 닉 샤랫 그림, 지혜연 옮김, 시공주니어)는 장애와 비장애인이 함께 살면서 겪게 되는 고민들과 불편함을 책을 통해 이야기하고 있다. 친구끼리 만든 알파벳 클럽 아이들은 생일마다 잠옷 파티를 열기로 한다.

데이지는 생일인 친구 집에서 잠옷을 입고 하룻밤 자면서 생일 파티를 하는 잠옷 파티는 즐겁지만 학습장애를 가진 언니 때문에 고민이다. 언니 릴리는 움직이지도 못하고 음식을 제대로 먹지도 못하고 갑자기 소리를 질러 대곤 한다. 데이지는 친구들이 언니를 보고 놀릴까 봐 걱정이 되지만 잠옷 파티는 무척 하고 싶다. 드디어 잠옷 파티를 하는 날 많은 걱정을 했지만 언니 덕분에 친구들과 더 친해질 수 있는 기회가 된다. 다른 나라 문화를 알 수 있는 내용과 함께 사춘기 소녀들이 친구 문제로 고민하는 심리도 함께 엿볼 수 있는 책이다.

아이들이 장애인에 대한 정보가 부족하거나 관심이 부족해서 편견을 갖고 있었다면 이 책들이 편견을 버리는 데 도움이 될 수 있기를 기대한다.

장애, 너는 누구니?
고정욱 글 / 산하

50

환경을 지키는 책

"초등학교 6학년입니다. 환경에 대한 조사 학습에 필요한 책을 알려 주세요."

어린이들이 환경 문제를 이해하기 쉽게 쓴 책으로 가장 먼저 권장하고 싶은 책은 『최열 아저씨의 지구촌 환경 이야기 1, 2』(최열 글, 노희성 그림, 청년사)다. 이 책은 우리나라에서 환경 운동을 처음 시작하고 30년 넘게 꾸준히 활동하고 있는 환경 운동가로 세계에 널리 알려져 있는 환경운동연합의 최열이 어린이들을 위해 쓴 책으로, 먹을거리와 물의 오염 상태를 알려 주면서 막을 수 있는 방법도 함께 전해 주고 있다. 우리가 살고 있는 이 땅, 물·공기, 먹을거리의 소중함을 깨닫게 하고, 그것을 지켜 나가야 하는 까닭을 알려 주는 책이다.

『어린이가 지구를 살리는 50가지 방법』(존 자브나 글, 노혜숙 옮김, 현암사)은 우리나라 어린이들한테 환경 교육을 하기 쉽게 접근시켜 주는 데 공로가 큰 책이다. 흔히 어렵게 생각하는 숫자와 통계를 통해 오히려 쉽고 친근하게 환경오염의 심각성을 깨닫게 하였고, 생활 속에서 실천할 수 있는 수많은 방법을 제시하였기 때문이다.

『미나마타의 붉은 바다』(하라다 마사즈미 글, 이은천 그림, 오애영 옮김, 우리교육)는 조용하고 아름답던 바닷가 마을 사람들이 갑자기 이름 모를 공포스러운 병에 걸려 죽어 가는데 그 원인이 화학 공장에서 나오는 오염 물질 때문임을 알게 되고, 이를 세상에 널리 알리면서 환자 치료를 위해 싸우는 눈물겨운 이야기다.

『우리들은 환경 파수꾼』(김용근 글, 푸른나무)은 강원도 속초초등학교 어린이들이 담임 선생님과 함께 속초와 설악산 지역의 환경오염 문제에 눈을 뜨면서 깨닫게 되는 생각과 이런 실태를 조사하고 막기 위한 실천 사례를 보여 주는 소중한 환경 교육 및 운동 실천 사례다.

이 책들은 초등학교 4·5·6학년 어린이들한테 환경오염의 심각성을 충분히 느끼게 하고, 이를 해결할 수 있는 방법에 대한 지식을 알려 주고, 한 사람 한 사람의 의지를 길러 주는 데 충분한 도움을 줄 것이다.

우리들은 환경 파수꾼
김용근 글 / 푸른나무

야생동물에 관한 책 1

"우리 아이는 새나 다람쥐 같은 동물에 관심이 많습니다. 등산을 데리고 가면 이런 동물을 보느라 정신이 없을 정도입니다."

오대산에 갔을 때, 비로봉에서 쉬고 있는데 다람쥐 한 마리가 가까이 와서 돌아다녔다. 아마 등산객들이 먹을 것도 주고 해치지 않으니까 사람에 대한 경계심을 많이 풀었나 보다 생각했다. 어느 나라 공원에서는 다람쥐나 새들이 사람들에게 가까이 와서 논다고 하던 이야기가 생각났다. 모두 즐겁게 보고 있는데, 4~5학년쯤 되어 보이는 남자아이 둘이 다람쥐를 잡으려고 쫓아갔다. 다람쥐가 돌탑 사이로 숨자 구멍을 쑤시면서 괴롭혔다.

"애들아, 왜 다람쥐를 괴롭히고 그러냐?"

"잡으려고요."

"잡아서 뭐하게?"

"죽이려고요."

"뭐? 왜 죽여?"

"재미있잖아요"

너무 어이가 없어 야단을 치는데도 잘못했다는 기색이 전혀 없이 '이 아저씨가 왜 이래?' 하는 표정이었다.

이런 아이들이 늘어나고 있는 답답한 현실에서 동물을 좋아하고 사랑할 줄 아는 아이들을 만난다는 것은 기쁜 일이다. 우리 아이들이 야생동물에 관심을 갖고 사랑하는 마음을 길러주는 데 도움이 될 만한 책들은 크게 세 가지로 나눌 수 있다. 첫 번째는 동물도감 같은 사전류를 비롯한 정확한 정보를 제공하는 책이고, 두 번째는 야생동물이 주인공으로 등장하는 문학 작품이고, 세 번째는 야생동물을 사랑했던 사람들의 삶을 소개한 전기류 책이다.

동물에 대한 정확한 정보를 알 수 있는 책으로는 사전, 도감, 관찰기록이 있다. 도감류로는 우리나라에 사는 동물 160종을 세밀화로 생생하게 그린 『세밀화로 그린 보리 어린이 동물도감』(남상호 외 글, 권혁도 외 그림, 보리)을 권하고 싶다. 『쉽게 찾는 우리 곤충 2-나비편』(이원규 글·사진, 현암사)도 우리나라 나비 155종을 직접 찍은 사진과 설명을 자세히 곁들여 나비의 생태를 전체적으로 보기 쉽게 구성하였다. 『곤충일기』(이마모리 미쓰히코 글, 이연승·김창원 옮김, 진선북스)는 일본 교토 북쪽 지방에서 12년 동안 사진으로 기록한 곤충 일기다. 알에서 애벌레를 거쳐 성충이 되기까지의 모습과 계절에 따른 차이를 잘 보여 주고 있다.

세밀화로 그린 보리 어린이 동물도감
남상호 외 글 / 보리

야생동물에 관한 책 2

어린이들이 자연을 죽어 있는 박제 상태가 아니라 숨 쉬며 살아 있는 생명체로 느끼고 볼 수 있게 하고 싶다. 이를 위한 한 가지 길이 문학적 상상력을 촉발시키는 것이라고 생각한다. 어린이들은 문학 작품에 등장하는 주인공과 자신을 동일시하는 욕구가 강하기 때문이다.

이런 책으로 널리 알려진 책이 『시튼 동물기』, 『파브르 곤충기』, 손턴 버지스가 쓴 책들이다. 버지스가 쓴 책이 20여 권이나 된다. 우리나라 작가들이 쓴 책으로는 『다람쥐』(김황 글, 김영순 그림, 우리교육), 『버들붕어 하킴』(박윤규 글, 아이완 그림, 푸른숲주니어), 『도도새와 카바리아 나무』(손춘익 글, 최민오 그림, 웅진주니어), 『둠벙마을 되지빠귀 아이들』(권오준 글·사진, 백남호 그림, 보리)을 권하고 싶다.

『삐삐야 미안해』(이주영 글, 류충렬 그림, 고인돌)는 초등학교 어린이가 어미 잃은 사향노루 네 마리, 새매와 파랑새를 키우다 죽거나 헤어지면서 겪는 사랑과 아픔을 되살려 쓴 글이다. 자연과 인간이 어떤 관계를 맺어야 좋을지를 생각하게 할 수 있다.

『둠벙마을 되지빠귀 아이들』은 분당 영장산에 사는 되지빠귀 새들이 살아가는 모습을 사진으로 몇 년 동안 자세히 관찰해 온 작가가 어린 새끼들이 태어나서 자라는 모습을 사진과 함께 동화로 꾸몄다. 마치 작가 스스로 새들이 하는 말을 알아듣고 새와 이야기를 나누는 느낌이다. 월간 잡지 《개똥이네 놀이터》에 연재한 다음에 한 권으로 출판한 것이다. 『버들붕어 하킴』은 '하늘

지킴이'라는 뜻이 담긴 주인공 하킴의 용기와 모험 정신, 우리나라 하천의 민물고기 생태계를 파괴하는 외래종 물고기들과의 싸움과 평화를 이루기 위한 노력이 담겨 있다. 『도도새와 카바리아 나무』는 기름진 땅을 마구 파헤치며 숲 속의 동물을 함부로 잡아 돈을 버는 데만 눈이 먼 사람들은 결국 벌을 받을 것이라고 경고한다. 자연의 고마움을 알게 하고, 목숨을 귀하게 여기고 사랑해야 한다는 마음을 일깨우는 단편 동화 17편이 실려 있다.

우리나라의 자연을 사랑하면서 동물과 평생을 함께 살아온 사람을 소개한 인물 전기류 책으로는 『새를 보면 나도 날고 싶어-새 박사 원병오』(이상권 글, 이상규 그림, 우리교육), 『나비 박사 석주명의 과학나라』(석주명 글, 최달수 그림, 현암사), 『첨벙첨벙, 물길 따라 물고기 따라-물고기 박사 최기철』(이상권 글, 이정규 그림, 우리교육)을 권하고 싶다.

『새를 보면 나도 날고 싶어-새 박사 원병오』의 주인공 원병오 박사는 개성에서 동물학자의 아들로 태어나 여섯 살부터 나비 도감을 들고 들과 산을 쫓아다녔다. 민족 분단으로 아버지와 헤어지는 아픔을 딛고 철새 생태를 연구하여 세계에서 알아주는 조류학자가 된 것이다. 그는 연구 과정에서 발견한 북방쇠찌르레기 다리에 가락지를 매달아 북에 있는 아버지한테 소식을 전하기도 했다.

『나비 박사 석주명의 과학나라』의 주인공 석주명은 우리나라 자연과학이 아직 체계를 잡지 못하고 있을 때에 나비 생태를 깊이 연구하여 나비 지도를

만들기도 했다. 『첨벙첨벙, 물길 따라 물고기 따라—물고기 박사 최기철』의 주
인공 최기철 박사는 한평생 물고기를 찾아다니며 연구한 학자로 최근에는 민
물고기 보호 운동으로 더 널리 알려져 있다.

버들붕어 하킴
박윤규 글 / 푸른숲주니어

53

사람과 개 1

"아들이 초등학교 4학년인데, 개를 너무 무서워합니다. 강아지가 가까이 오면 기겁을 합니다. 혹시 개와 가까워질 수 있는 좋은 동화책이 있을까요?"

대부분의 아이들은 강아지나 병아리 같은 애완동물을 좋아한다. 아이들은 애완동물을 사 달라고 조르는 일이 많다. 그럴 때는 너무 어른 처지만 생각해서 묵살하지 말고 가정 형편에 맞는 애완동물을 선물해 주기 바란다. 사람이 어릴 때 애완동물을 기르면서 보살피는 경험을 갖는 일은 인성 발달에 좋은 효과가 있다.

그런데 가끔 강아지는 물론 병아리처럼 살아 있는 동물을 극도로 싫어하고 무서워하는 어린이도 있다. 아마도 가까운 어른이 동물을 대하는 태도를 보고 영향을 받았거나, 어릴 때 동물에게 물리거나 위협을 당한 경험이 있는 어린이일 것이다. 자폐증과 같은 정서 장애가 있는 어린이 중에는 병아리 소리만 들어도 어떻게 해야 할지 몰라서 우는 경우도 종종 있다. 이렇게 심한 경우는 치료를 받아야 하지만, 독서력이 어느 정도 있는 정상아의 경우에는 개가 주인공인 동화를 읽으면서 바뀔 수도 있다. 개는 사람과 가장 오랫동안 함께 살아온 동물이므로, 그만큼 사람을 도운 개에 대한 이야기가 많고, 개를 주인공으로 한 동화도 많다.

『까막나라에서 온 삽사리』(정승각 글·그림, 초방책방)는 초등학교 저학년부터 읽을 수 있는 그림책으로 불개 이야기를 새로 다듬어 썼다. 우리나라 토종개인 삽사리가 주인공이다. 삽사리가 여러 고난을 거쳐 이 세상으로 와서 사람을 괴롭히는 귀신을 쫓아주는 개가 되었다는 이야기다.

많은 초등학교 어린이들이 재미있게 읽고 개를 좋아하게 만든 창작 동화로는 『돌아온 진돗개 백구』(송재찬 글, 송진헌 그림, 대교출판)가 있다. 우리나라 토종개인 진돗개가 원래 주인을 찾아 7개월 동안 3,000킬로미터를 혼자 달려간 실화를 바탕으로 쓴 동화다. 진도를 떠나 머나먼 도시로 팔려간 진돗개 백구는 좋은 주인을 만났지만 고향과 옛 주인에 대한 생각으로 가득하다. 결국 백구는 옛 주인을 찾아 길을 떠나게 된다. 떠돌이가 되어 낯선 곳을 헤매면서 백구가 겪게 되는 일들을 그린 동화이다.

『줄리와 늑대』(진 크레이그헤드 조지 글, 유기훈 그림, 작은 우주 옮김, 대교출판)는 에스키모 여자아이가 눈 속에서 길을 잃고 목숨을 건 모험을 하는 이야기다. 알래스카 툰드라 벌판에서 길을 잃은 줄리는 먹을 것을 얻기 위해 굶주림과 추위를 참으면서 끈질기게 늑대 무리의 행동을 관찰하고 그 관찰을 바탕으로 늑대와 친해질 수 있는 방법을 생각하여 아주 조심스럽게 접근하여 늑대의 보호를 받게 된다. 개와 사촌인 늑대의 행동 관찰 묘사가 뛰어나고, 사람과 짐승이 어떻게 서로 대화를 나눌 수 있고 진정으로 우정을 나눌 수 있는가를 진지하게 보여 주는 동화다. 이 작품에서 묘사한 늑대의 행동 특성을 보면 개와 어쩌면 그렇게 유사한지 감탄하게 된다.

어린이는 어른의 사랑을 충분하게 받아야 하고, 믿을 수 있는 어른이 있어야 잘 자랄 수 있다. 또 한편으로는 우정을 나눌 수 있는 친구와 보살피고 사

랑을 나눠 줄 수 있는 동생들도 있어야 한다. 형제·자매가 없는 요즘 아이들한
테 애완동물은 어린이들이 다른 사람, 다른 생명을 보살펴 주는 인성을 기를
수 있는 좋은 대상이다.

돌아온 진돗개 백구

송재찬 글 / 대교출판

54

사람과 개 2

"집에서 아이가 게임만 하고 있어. 회사를 그만둘 수도 없고." 맞벌이로 바쁜 친구의 하소연을 듣고 "개를 키워 보는 건 어떨까?"라고 답해 준 적이 있다. 그런데 그것이 적중해서, 아이가 개를 돌보느라 컴퓨터에 관심이 없어졌다고 한다. 그때 나는 친구 아이와 기르는 개가 '시간이 흘러도 소중한 인연이 되었으면 좋겠다.'라는 생각을 했었다. 요즘 개를 키우는 사람들이 많아진 반면 애지중지하던 개가 병이 들거나 형편이 어려워졌다고 개를 버리는 무책임한 사람도 많아지고 있는 것 같다. 개는 단순히 돌보아야 할 대상이 아니라 서로 의지하고 도울 수 있는 소중한 존재인 것을 알려 주는 동화가 많다. 귀찮아 버리는 장식품이 아닌 인간과 교감을 나누는 이야기를 통해 생명에 대한 소중함을 알려 주어야겠다.

저학년 아이들에게 권해 줄 『순둥이』(김일광 글, 김재홍 그림, 봄봄)는 주인아저씨와 순둥이가 서로 마음을 이해하면서 배려하는 이야기다. 태어나 한 번도 짖지 않는 순둥이를 주인아저씨는 벙어리 개라고 생각했다. 그런데 순둥이가 새끼를 낳고 얼마 뒤 새끼들이 위험에 처하자 사납게 짖어 대는 것이 아닌가? 놀란 아저씨가 어떻게 된 거냐고 순둥이에게 묻자 순둥이는 "그동안 짖을 일이 있었어야지?"라고 대답한다. 아저씨와 순둥이는 서로 상대편의 마음을 읽고 대화를 할 수 있다. 서로를 존중하는 모습이 그려지며 사람과 사람이 나누는 정을 뛰어넘는 이야기가 잔잔하게 펼쳐진다.

중학년 아이들에게는 『굿모닝, 굿모닝?』(한정영 글, 이승현 그림, 미래아이)이란 책을 권하고 싶다. 가족들에게 잊힌 채 외롭게 살고 있는 할아버지와 버려진 개가 서로를 한 식구로 받아들이며 정을 나누는 모습을 그린 이야기다. 어떠한 경우라도 약속을 지켜야 한다는 할아버지는 전 주인을 찾아 떠난 개를 기다려 준다. 할아버지가 개를 진정한 가족으로 받아들이는 장면이 감동적이다.

고학년 아이들과 함께 읽을 수 있는 『나의, 블루보리 왕자』(오채 글, 오승민 그림, 문학과지성사)는 시베리안 허스키 개를 두고 두 아이가 이름을 지어 준다며 유쾌한 경쟁을 벌이는 이야기이다. 나약한 몸과 마음을 가진 주인공 한솔이가 개로 인해서 단단한 아이로 바뀌는 과정이 담겨 있다.

순둥이
김일광 글 / 봄봄

55
사람이 다른 짐승과 함께 사는 길 1

어릴 때 동화책이나 만화책을 보면 짐승이라는 말이 자주 나왔다. 길짐승, 날짐승, 물짐승이라는 말도 만화책에서 배웠다. 그런데 언제부터인가 짐승이라는 말을 잘 안 쓴다. '짐승같은 놈', '짐승보다 못한 놈' 이라는 말처럼, 짐승을 나쁜 뜻으로 자주 쓰게 되었기 때문이 아닌가 싶다. 생명체는 크게 식물과 동물로 나누고, 동물을 여러 가지 종류로 나눈다. 사람은 동물에 속한다. 동물 가운데서도 짐승에 속한다. 원래 사람은 짐승의 한 종류인 것이다. 그런데 이렇게 짐승을 멸시하고, 나아가 동물까지 멸시한다. 동물 가운데서도 짐승이 우리 사람과 가장 가까운 형제라는 근본을 까맣게 잊어버렸기 때문이다. 그래서 나는 짐승이라는 말을 잘 살려 쓰고 싶다. 나쁜 말이 아니라 원래 우리 사람까지 가리키는 좋은 말이니까.

『서로를 보다』(윤여림 글, 이유정 그림, 낮은산)는 짐승과 사람을 평등한 눈으로 보는 마음을 잘 나타냈다. 자연에서 힘껏 살아가는 치타와 동물원에 갇혀서 살아가는 짐승들을 서로 대비시키고 있다. 치타, 쇠홍학, 긴팔원숭이, 돌고래, 북극곰, 올빼미, 바바리양, 늑대, 프레리도그, 콘도르, 그 누구보다 자유로운 동물인 인간이 서로를 본다. 우리 안에서, 우리 밖에서 서로를 보고 있는 마지막 장면은 많은 생각을 떠오르게 한다. 다만 이 책에 나오는 동물이 모두 짐승인데, 이 책에서도 짐승이라는 말 대신에 동물이라는 말만 써서 좀 아쉽다.

『안녕, 친구야』(강풀 글·그림, 웅진주니어)는 만화책이다. 첫 장면에서 한 아이와 고양이 한 마리가 눈 내리는 골목길에서 서로 눈을 마주 보고 있는 모습이 『서로를 보다』의 마지막 장면과 이어지는 느낌이 난다. 창 밖 담 위에서 바라보는 고양이를 만나서 함께 고양이 엄마를 찾아 동네를 한 바퀴 돌아오는 이야기다. 불독한테 물어보고, 생쥐한테 물어보고, 검은 고양이한테 물어보며 앞으로 나간다. 돌아오는 길에 다시 올 때와 반대 순서로 검은 고양이, 생쥐, 불독과 이야기를 나눈다. 그 이야기들이 많은 의미를 내포하고 있다. 잔잔한 감동과 사람과 짐승이, 짐승과 짐승이, 사람과 사람이 함께 살아가는 마음을 어떻게 회복할 것인가를 생각하게 해 준다.

『삐삐야 미안해』(이주영 글, 류충렬 그림, 고인돌)는 한 아이가 우연히 기르게 된 새끼 궁노루 네 마리를 기르다 떠나보내는 과정을 보여 주고 있다. 그다음 해 새끼 파랑새와 새끼 매를 기르면서 겪은 일도 함께 실려 있다. 주인공이 궁노루, 파랑새, 매와 눈을 마주 보며 길렀지만 무지와 게으름 때문에 죽이고 만다. 마지막까지 잘 키운 매는 사람을 무서워하지 않는 바람에 군인들의 총 쏘기 내기에 목숨을 잃고 만다. 자연에서 살아야 할 짐승을 사람이 아무리 좋은 마음으로 기른다 하더라도 그것 자체가 죄가 될 수 있다는 걸 말하고 있다.

우리는 다른 짐승보다 결코 뛰어난 영혼을 가진 동물이 아니다. 사람이 다른 짐승보다 잘난 것도 없고, 다른 짐승이 사람보다 못난 것도 없다. 동물계에서 가장 가까운 형제자매지만, 다만 서로 조금씩 다른 특성을 갖고 태어나 다른 환경에서 살고 있을 뿐이다. 그런 처지를 이해하면서 서로를 볼 때 사람들 스스로 짐승이라는 걸 깨닫고, 다른 짐승들한테 갖고 있던 멸시하는 마음과 그들에 대한 오만과 독선을 버릴 수 있을 것이다. 그리고 강풀이 만화에서 그린 어린 아이 같은 마음을 되찾아 지킬 수 있을 때, 이 세상에 참된 평화가 올 수 있을 것이다.

삐삐야 미안해
이주영 글 / 고인돌

56

사람이 다른 짐승과 함께 사는 길 2

사람이 다른 짐승과 함께 사는 길이 무조건 평화롭기만 할 수는 없을 것이다. 다만 지금 이 지구촌에서는 사람이 가장 강한 힘을 가지고 있고, 그만큼 생존 조건에서 자유롭다. 그러니 사람이 앞장서서 다른 생명체들을 돌보고, 다른 생명체들과 함께 살아갈 수 있는 길을 찾아야 한다. 그런 의무가 있는 것이다.

『노랑발 쇠백로 가족』(황헌만 글·사진, 소년한길)은 지구촌, 그 지구촌에서도 우리 겨레가 사는 이 땅에서 살아가는 생명체들을 깊은 사랑의 눈으로 살피면서 사진으로 기록한 책이다. 황헌만은 소년한길에서 『민들레의 꿈』, 『날아라, 재두루미』, 『강가에 사는 고라니』를 비롯해 동식물이 살아가는 모습을 사진으로 기록한 10여 권의 책을 냈다. 사진 한 장 한 장에 작가가 그 생명들을 바라보는 따스함이 묻어난다.

『아! 여우다』(김일광 글, 장호 그림, 고인돌)는 우리 조상들이 어떤 마음으로 다른 동물들과 함께 살아왔는지를 보여 준다. 글쓴이가 겪은 어린 시절 이야기인데, 초가지붕에서 내려오는 커다란 구렁이를 본 할머니가 "에구, 이 바람 찬 날에 뭐 할라꼬 나오셨는교. 가뜩이나 약한 아 혼 나간 거 보소. 그라이 마 노여움 풀고 그냥 가던 길 가이소."라며 자분자분 달래서 보낸다. 이런 경험이 나중에 주인공이 여우와 두 눈을 딱 마주치는 순간, 비로소 여우를 또렷하게 볼 수 있는 마음을 길러 주었다고 할 수 있다. 오싹하게 무서워하던 여우를 강아지처럼 예쁘게 볼 수 있는 여유를 갖게 된 것이다.

『모르는 게 더 많아』(윤구병 글, 이담 그림, 휴먼어린이)는 사람이 숲에서 사냥을 하면서 살던 시대가 배경이다. 인류는 원래 물에서 나와 숲으로 들어가고, 숲에서 풀과 열매를 따 먹으면서 살았다. 그러다 점차 짐승 고기를 먹게 되고, 지금 인류는 짐승 고기를 너무 많이 먹고 있다. 그리고 짐승 고기를 얻기 위해 너무 많은 것을 희생하고 있다. 이 책은 그런 사냥의 시대에 짐승을 죽이는 사냥꾼이 아니라 풀과 열매로 짐승이나 사냥꾼이나 모두를 살리는 삶을 살고 싶어 하는 한 아이가 성장하는 과정을 보여 주고 있다. 사람들이 한 형제인 짐승 고기를 먹는 사냥꾼의 생활에서 벗어나 그 모든 형제들을 '눈만 보아도 누군지 다 아는, 발자국만 보아도 다 아는, 똥만 보아도 아는' 삶을 살기를 소망하는 마음이 담겨 있다. 사람들이 산새들의 소리를 귀담아듣고, 풀뿌리 맛도 보고, 나무 열매도 따서 모아 먹고 살기를 바란다. 나아가 사람이 아픈 짐승들의 병도 고쳐 주면서 사는 세상을 꿈꾸고 있다.

사람이 채식만 하던 시대를 지나, 채식을 중심으로 하면서도 육식을 시작한 지가 수십만 년이다. 20세기에 들어서서 동서양을 막론하고 육식 문화가 급격하게 퍼졌다. 그러니 육식을 하루아침에 버리기는 어려울 거다. 그러나 지금처럼 너무 육식으로 편향된 것은 인류와 지구촌 생태계 전체를 위해서 너무 불행한 일이다. 우리나라 같은 경우만 해도 불과 30년 전만 해도 식생활에서 육식이 차지하는 비중이 높지 않았다. 그런데 지금은 음식점들이 한두 집 건너 짐승 고기나 물고기집이다.

사람들이 기름진 고기를 너무 많이 먹으면서 많은 질병에 시달리게 되었다.

아이들은 더 심하다. 한 사람 한 사람의 건강도 문제지만 그보다 더 큰 문제는 지구촌 환경오염과 생태계 파괴다. 채식으로 바꾸지 않는 이상 환경오염을 막을 수 없고, 생태계 교란 자체를 막을 수 없기 때문이다.

노랑발 쇠백로 가족
황헌만 글 / 소년한길

57
나무에 대한 책

"3학년 어린이인데, 나무에 관심이 많습니다. 나무를 잘 알 수 있는 책이나 나무를 소재로 한 재미있는 동화책을 골라 주고 싶습니다."

숲은 지구촌 허파나 마찬가지다. 그런데 그 숲들이 자본주의 경제 개발 논리, 개발독재자 집단의 잇속, 멈출 줄 모르는 소비 욕구 때문에 없어지고 있다. 지구촌 허파라고 일컫는 아마존 유역 숲, 인도네시아 숲이 없어지고 있다. 한때 중국 남부 지역의 대나무 숲이 우리나라에서 쓰는 일회용 대나무 젓가락 때문에 사라지고 있다는 말까지 나오고 있다. 이렇게 자본주의 사회가 부추기는 무분별한 소비 욕구와 이윤 추구로 숲이 사라지고 있다. 숲을 지키고 가꾸는 일은 인류 미래를 위해서, 지구촌 생태계 공존을 위해서 꼭 필요하다. 지구촌 생태계를 지키고 내일을 살아가야 할 후손들을 위해서라도 인류는 더 늦기 전에 숲과 나무를 지키는 일에 힘써야 할 것이다. 그중 한 가지가 아이들이 숲에 관심을 갖고, 나무를 아끼고 사랑하는 마음을 갖도록 이끌어 주는 일이다. 그러기 위해서는 아이들한테

첫째, 숲을 좋아하고 사랑하는 마음을 일으키는 책

둘째, 풀이나 나무에 대해 잘 알 수 있는 책

셋째, 나무로 만드는 물건들과 그 물건을 아껴 써야 하는 까닭을 밝혀 준 책

들을 재미있게 읽을 수 있는 기회를 만들어 줘야 한다.

　　숲에 대한 지식, 숲도 사람과 같은 삶이 있음을 알게 해 주는 책으로 『숲은 누가 만들었나』(윌리엄 제스퍼슨 글, 윤소영 옮김, 다산기획)를 권하고 싶다. 나무를 사랑하며 숲을 가꾼 사람의 일생을 다룬 책으로는 『나무를 심은 사람』(장 지오노 글, 이정혜 그림, 채혜원 옮김, 새터)이 있다. 이 동화는 프랑스 남부 황량한 황무지에서 양 떼를 돌보면서 40년 동안 나무 수십만 그루를 심어 푸른 숲을 가꿔 낸 이야기다. 숲을 지키기 위해 어른들과 싸워 이기는 아이들이 주인공인 『나무 위의 아이들』(구드룬 파우제방 글, 잉게 쉬타이네케 그림, 김경연 옮김, 비룡소)도 있다. 농장 주인이 원시림을 불태워 밭을 만들려고 하자 일꾼 산타나의 아이 일곱 명과 농장 주인 아이들이 숲으로 들어가 나무 위에서 살면서 숲이 파괴당하는 걸 막아 낸다. 미래를 지키는 일은 오늘 아이들이 읽는 동화에서부터 시작하는 것이다.

나무 위의 아이들
구드룬 파우제방 글 / 비룡소

58

좋은 도감을 소개해 주자 1

"우리 아이한테 식물도감을 사 주고 싶은데, 막상 서점에 가 보면 어떤 도감
이 좋은지 구별을 하기 어렵습니다. 좋은 식물도감을 소개해 주세요."

요즘은 단행본 동·식물 도감이 많이 나와 있다. 도감은 크게 사진 도감과 세
밀화 도감이 있다. 세밀화 도감은 사진처럼 정교하게 그린 도감이다. 장단점
이 있어 꼭 사진 도감이 좋다거나 세밀화 도감이 좋다고는 말하기 어렵지만,
현재 출판된 도감을 견주어 볼 때 보리 출판사에서 만든 『세밀화로 그린 보리
어린이 동물도감』(남상호 외 글, 권혁도 외 그림), 『세밀화로 그린 보리 어린이 식
물도감』(전의식 외 글, 이태수 외 그림)과 진선북스에서 만든 『봄 여름 가을 겨울
식물일기』(하니 샤보오 글·사진, 김창원·이연승 옮김)를 권장하고 싶다.

보리 출판사에서 만든 '세밀화로 그린 보리 어린이 동·식물 도감'은 초등학
교 교과서에 나온 동·식물의 특성을 알기 쉽게 세밀화로 그리고, 자세한 설명
을 곁들였다. 사진으로 만든 다른 도감류와 따로 떼어 놓고 언뜻 본다면 잘 느
낄 수 없을지 모르지만, 직접 견주면서 넘겨서 보면 사진보다 색상이 부드럽
고 정감이 느껴진다. 또 우리나라 동·식물을 직접 보고 그린 그림으로, 그림
을 그린 때와 장소까지 밝혀 놓았다. 즉 직접 우리 땅에서 자란 동·식물을 보
고 그렸다는 증거다. 단순한 것 같지만 사실은 아주 중요하다. 대부분의 도감
이 외국 것을 베꼈기 때문에 우리 자연에서 살지 않는 식물이 더 많고, 같은 식
물이라도 자세히 보면 우리 식물과 차이가 있다.

진선북스에서 만든 『봄 여름 가을 겨울 식물일기』의 저자는 사진작가 하니

샤보오다. 그가 12년 동안 식물을 관찰하면서 찍은 사진으로 만든 도감이다. 다른 사진 도감류는 대개 정물화를 보는 느낌이 든다. 그런데 이 도감은 이야기를 듣는 느낌이 든다. 식물이 성장하는 과정을 사진으로 들려주고 있는 것 같다. 콩 한 포기로는 들 수 없는 돌을 여러 포기가 힘을 합해 밀어내며 고개를 당당하게 쳐드는 모습, 죽순이 자라는 모습, 도미노 게임을 하는 미모사들의 사진을 보면서 따라가다 보면 그대로 이야기가 된다. 죽은 식물이 아니라 살아 있는 식물을 보여 주는 도감이다. 식물의 생명력이 느껴진다. 다만 앞에서 지적한 대로 우리나라 자연과 차이가 난다는 어찌할 수 없는 단점은 있다.

세밀화로 그린 보리 어린이 식물도감
전의식 글 / 보리

59

좋은 도감을 소개해 주자 2

"아이가 자주 도감을 살펴봅니다. 다른 종류의 도감도 있나요?" 4학년 자녀를 둔 어머니의 질문이다. 어렵고 번거로워도 책장을 넘기며 정보를 찾아보는 일은 사물을 자세히 볼 수 있는 힘을 기를 수 있으며 깊은 지식을 쌓을 수도 있게 해 준다.

보리 출판사에서 나온 '겨레 전통 도감'은 동·식물에 국한된 도감이 아니다. 『살림살이』(윤혜신 글, 김근희·이담 그림), 『전래놀이』(함박누리 글, 홍영우 그림), 『국악기』(안미선 글, 임희정·이종민 그림), 『농기구』(이순수 글, 김경선·낙송재 그림), 『탈춤』(조현 글, 홍영우 그림) 이렇게 다섯 권이며, 조상들이 소박하게 살아가는 이야기와 함께 세밀화와 전통 화법으로 그린 그림으로 구성되어 있다. 『살림살이』에서는 우리를 살리는 일이 살림이라고 말한다. 밥집 아줌마가 들려주는 살림 이야기와 함께 소박한 살림살이가 소개되어 있다. 『전래놀이』는 집 안이나 골목길에서 하는 놀이, 너른 마당에서 여럿이 어울려 하는 놀이, 자연 속에서 뛰노는 놀이 등으로 구분하여 정감 어린 그림과 함께 놀이 설명법을 담고 있어 잊혀 가는 놀이들을 아이들과 해 볼 수 있는 책이다. 『국악기』는 우리가 흔히 볼 수 있는 단소부터 쉽게 볼 수 없는 악기까지 담겨 있다. 『농기구』에는 절기에 따라 이루어지는 농사일에 대한 설명과 함께 농기구들이 세밀화로 그려져 있다. 조상들이 일손을 덜 수 있도록 만들었던 농기구들을 보면 옛사람들의 지혜가 놀랍기만 하다. 『탈춤』에서는 무형 문화재로 지정된 열한 가지 탈춤을 바탕으로 탈춤 장면 92점과 탈 그림 129점을 자세히 그려 놓았다. 탈이 묘사하는 인물들에 대한 설명을 읽고, 탈춤을 보면 더 재미있는 관람이 될 것이다.

『세밀화로 그린 동물 흔적 도감』(박인주 글, 문병두·강성주 그림, 보리)은 남과 북에 걸쳐 우리 땅에 사는 젖먹이 동물 34종이 남긴 흔적을 기록한 책이다. 발자국, 똥, 먹이 흔적, 보금자리와 쉼터, 동물 시체에 이르기까지 우리가 흔히 볼 수 없는 동물들의 세계를 볼 수 있다. 강원도 민통선 구역부터 백두대간을 따라 남쪽 지리산까지 동물들을 찾아 나선 작가들의 노고가 그대로 담긴 책이다. 이 도감을 살펴보면서 지구상에 인간뿐 아니라 다른 많은 동물이 이웃하며 살아가고 있다는 사실에 마음이 겸손해진다.

아무리 좋은 문화를 갖고 있다고 해도 잊히면 없어지게 된다. 잊히지 않고 우리 삶 속에 남아 있는 문화가 될 수 있도록 아이들에게 문화를 알리는 도감을 학교 도서관이나 가정에 준비해 두자.

탈춤
조현 글 / 보리

60

세상을 바꾸는 어린이들 1

어른들은 종종 나에게 물어봐.

"너희 단체를 누가 조종하는 거지?"

"누가 너를 그렇게 떠미는 거냐?"

어른들은 다른 세계 아이들이 노예로 팔려 가는 것에는 놀라지 않고 어린 아이들이 단체를 만들고 목소리를 높인다는 것에 더 놀라워 해. 뭔가 뒤바뀐 것 같지 않니? 어른들은 상상할 수도 없을 거야. 아이들이 세상에서 일어나는 일에 관심을 갖고, 누군가를 도울 수도 있는 엄청난 힘을 가지고 있다는 걸. 그리고 어린이인 우리가 어린이들 미래를 책임질 만큼 용기도 있다는 것을.

– 『어린이가 어린이를 돕는다』, 96쪽 –

이크발은 가난한 집에서 태어나 아주 어릴 때부터 카펫 공장에서 일을 해야만 했다. 파키스탄의 주요 수출품인 카펫은 손으로 100퍼센트 만들어야 하는 제품이었고, 매듭을 촘촘하게 만들기 위해서는 아이들의 작은 손이 필요했다. 아이들은 일을 시키기도 좋고 돈을 많이 주지 않아도 괜찮았다. 이크발이 노예 노동의 불합리함을 알리게 되자 위협을 느낀 누군가가 이크발을 살해했다.

1995년 파키스탄 어린이 노예 해방 운동에 앞장섰던 열두 살짜리 소년 이크발이 암살당한 기사를 캐나다에서 본 어린이가 있었다. 열두 살 된 크레이그 킬버거다. 킬버거는 그 신문 기사를 보고 놀라서 도서관으로 가서 '어린이 노동’에 대한 책을 찾아보고, 같은 학교 아이들 11명과 함께 노예 노동으로 고통받는 아이들을 돕는 일을 시작한다. 아이들이 할 수 있는 일을 찾아서 하기 시작했는데, 그렇게 시작한 ‘어린이에게 자유를’이라는 단체 회원이 수만 명이고, 백만 명에 가까운 아이들을 돕고 있다.

『어린이가 어린이를 돕는다』(김이경 글, 조승연 그림, 길벗스쿨)는 킬버거처럼 어린 나이부터 사회운동에 뛰어들거나 어린이 해방을 위해 일생을 바치는 사람들의 이야기다. 어린이 노동이 없는 세상을 만들려다가 반대편 어른 총에 맞아 열두 살에 숨진 이크발 마시흐, 인종 차별이 없는 세상을 만들어 가는 남아프리카의 헥터 피터슨, 인도의 벙커 로이를 비롯해 ‘세계 어린이상’을 받은 사람들에 대한 이야기다. 물론 ‘세계 어린이상’도 어린이들이 뽑아서 주는 상이다.

『어린이가 어린이를 돕는다』가 어린이가 스스로 세상을 바꾸기 위해 직접 실천한 이야기를 소개한 책이라면 『무기 팔지 마세요!』(위기철 글, 이희재 그림, 청년사)는 우리 아이들이 남을 돕는 아이들로 스스로 자라기를 바라는 마음을 담은 어린이 책이다. 어느 날 학교에서 장난감 총 때문에 일어난 문제를 해결하기 위해 아이들이 스스로 나서고, 무기와 전쟁에 대한 공부를 하고, 무기를 팔아 돈을 버는 사람들한테 무기를 팔지 말라는 뜻을 전하면서 평화 운동을 하는 이야기를 그려 내고 있다.

『무기 팔지 마세요!』는 이렇게 상상으로 지어낸 이야기지만 실제로 세계 여리 나라에서는 어린이들이 스스로 세상을 바꾸기 위해 단체를 만들어 활동하고 있다. 우리나라도 4·19 혁명까지는 어린이들이 직접 참여하는 모습을 볼 수 있었다. 그런데 입시 지옥에 갇히면서부터 그 힘을 잃어버린, 날개 없는 천사가 되어 버린 것이다. 우리 아이들이 그 날개를 되찾을 때, 우리 사회는 어린이가 바꾸는 세상으로 거듭날 수 있을 것이다.

어린이가 어린이를 돕는다
김이경 글 / 길벗스쿨

61

세상을 바꾸는 어린이들 2

어린이들이 나서서 세상을 바꾸는 이야기는 어린이들에게 힘을 준다. 어린이들이 좋아하는 옛날이야기나 창작 동화를 보면 어른들이 만든 나쁜 세상을 어린이들이 좋은 세상으로 바꾸는 이야기가 나온다. 실제로 어려서 집이나 학교나 지역사회에서 직접 나보다 어려운 사람을 돕거나 정의를 실천하기 위해 세상을 향하여 자기 목소리를 냈던 어린이들은 자기 삶을 훨씬 더 당당하게 살 수 있다. 그래서 진정으로 어린이들을 가르치고 싶어 하는 교사들은 어린이들한테 그런 체험을 스스로 만들 수 있는 기회를 가능한 많이 주고 싶어 한다. 어린이들이 스스로 문제를 발견하고, 그 문제를 자기들 힘으로 해결했을 때 마음속 깊은 곳에서 우러나오는 기쁨을 이렇게 외친다. "대단하다! 우리가 해냈어." 이런 기쁨을 느낄 수 있는 작은 성공을 거듭할 때마다 아이들 마음과 정신, 그리고 영혼이 쑥쑥 자랄 수 있는 것이다.

『길을 찾는 아이들』(박채란 글, 손희영 그림, 샘터) 뒤에 숨어 있는 김혜수 교사(당시 제주도 백록초등학교 근무)도 그런 마음으로 아이들이 스스로 마을 지도를 그리고, 그 지역 문화와 자연을 만날 수 있는 곽금올레길을 만들 수 있도록 가르쳤을 것이다. 아이들이 모둠을 만들어서 곽금팔경을 찾아서 곽금올레길을 만드는 과정을 글쓴이가 취재를 해서 동화로 꾸민 이야기를 읽으면서 그 마음을 느낄 수 있었다. 마을 공동체가 해체되면서 아이들이 자기 마을에 대한 관심이나 지식마저 없어지고 있다. 그 말은 곧 고향이 없어진다는 말이다. 그곳에서 태어나서 산다고 해서 고향이 될 수는 없다. 그곳을 잘 알고, 그곳을 사랑하면서 살고, 그곳에 대한 기쁘고 아름다운 추억이 많아야 고향이 되는 것이다. 그렇기 때문에 이처럼 초·중등 학생들한테 지역사회를 잘 알게 하고, 지역사회를 위해서 자기에게 알맞은 일을 할 수 있는 체험 교육을 해야 한다. 그것이 요즘 아이들한테 고향을 만들어 주는 길이다.

『초딩, 자전거 길을 만들다』(박남정 글, 이형진 그림, 소나무)는 서울 당산초등학교 5학년 어린이들이 자전거 등교를 금지하는 학교 교칙을 바꾸는 이야기다. 자전거 동아리를 만들고, 통학 거리 교통안전 사항을 조사하고, 자전거와 환경 문제를 정리하고, 이런 자료를 바탕으로 서울 시장한테 자전거 도로를 만들어야 하는 까닭을 편지로 써서 보내고, 그래도 안 되자 자전거 운동을 하는 단체에 연락해서 전문가들의 도움을 받는다. 1년에 걸친 이러한 노력으로 서울시에서 통학로에 자전거 도로를 만들게 하고, 자전거 등하교를 금지하는 학교가 아니라 자전거 시범학교로 바꾸게 된다. 담임 배성호 교사는 아이들이 의견을 모을 수 있도록 이끌어 주고, 조사 방법과 자료를 찾을 수 있는 길을 알려 주면서 적극 지원한다. 처음에는 나한테 좋은 걸 찾던 아이들이 점차 우리 모두에게 좋은 길을 추구하는 모습을 보이고 있다.

『학교에서 정치를 해요!』(브리지트 스마자 글, 원유미 그림, 이희정 옮김, 밝은미래)는 프랑스의 한 초등학교 5학년 어린이들이 저학년 도움반을 없애겠다는 국가 교육 정책에 맞서는 이야기다. 도움반을 지키는 활동을 하기 위해 학생회를 만들어 집회를 열고, 대통령한테 편지를 쓰고, 운동장에서 시위를 한다.

결국 고위 관료들과 만나 협상을 한다.

　이렇듯 초등학생들이 직접 정치 활동을 하는 모습이 요즘 우리한테는 낯설게 보인다. 그만큼 우리 사회가 아직 정치 민주화가 미성숙하다는 의미다. 어린이들은 우리나라에서 함께 살아가야 할 당당한 국민이고, 앞으로 우리나라를 짊어질 새싹들이다. 따라서 그들은 단순히 학습 이전에 어른들이 만드는 사회가 잘못되었을 때 당당하게 말할 수 있는 권리가 있다는 걸 인정해야 한다. 그랬을 때 그들이 진정으로 능력과 책임감 있는 민주 시민으로 자랄 수 있기 때문이다.

학교에서 정치를 해요!
브리지트 스마자 글 / 밝은미래

4장

좋은 동화
고르기

62

겨레의 삶이 담긴 창작 동화

옛이야기 속에는 우리 겨레가 수천 년 살아온 삶이 배어 있다. 마찬가지로 창작 동화도 우리 겨레가 살아가야 할 삶을 담아 나가야 한다. 좋은 창작 동화란 겨레가 살아갈 삶, 인류가 지향해야 할 삶, 지구촌 모든 생명이 함께해야 할 삶을 얼마나 올곧고 아름답게 잘 담아내느냐에 달려 있다고 봐야 한다.

우리 겨레의 창작 동화는 대체로 1923년에 마해송이 발표한 『바위나리와 아기별』이 시작이라고 보고 있다. 그 뒤 80년이 지나는 동안 많은 작가들이 어린이 문학을 창작했다. 그 가운데는 정말 좋은 작품도 많았는데, 다른 나라 어린이 문학이 들어와 판을 치면서 아예 숨이 끊어질 뻔했다. 다행히 어린이도서연구회를 비롯해 좋은 창작 동화를 읽자는 운동이 일어나면서 다시 우리 겨레의 삶을 담아낸 창작 동화들이 살아나기 시작했다.

이렇듯 우리 겨레의 삶이 담긴 창작 동화가 중요한 까닭을 깨닫고, 독자들이 늘어나는데도 좋은 창작 동화가 너무 부족해 안타까워하던 때에 '겨레아동문학회'에서 큰일을 해냈다. 1923년부터 1950년까지 발표된 창작 동화와 동요·동시를 골라 '겨레아동문학선집'(10권, 보리)으로 묶어 낸 것이다. 여기저기 쫓아다니고 낡은 신문과 잡지를 샅샅이 훑어가면서 다시 살려 낸 작품들이 많다. 아직도 다 찾아내지 못한 작품이 있겠지만, 이만큼이라도 찾아낸 것은 참으로 소중한 일이다.

제1권 『엄마 마중』(방정환·송영·이태준 외 글, 김종도 그림), 제2권 『돼지 콧구멍』(이주홍·전식·최병화 외 글, 김성민 그림), 제3권 『팔려 가는 발발이』(김우철·주요섭·홍효민 외 글 신가영 그림), 제4권 『날아다니는 사람』(김유정·노양근·박태원 외 글, 이경신 그림), 제5권 『물딱총』(임홍은·정우해·현덕 외 글, 이형진 그림), 제6권 『세 발 달린 황소』(안회남·정수민·최영주 외 글, 이억배 그림), 제7권 『어디만큼 왔냐』(박인범·이호준·채만식 외 글, 이우경 그림), 제8권 『눈 뜨는 시절』(김요섭·이원수·황순원 외 글, 이은천 그림)까지는 단편 동화와 소년소설을 실었다. 실화나 수필에 가까운 작품 가운데서도 어린이들이 읽기에 좋은 글을 몇 편 실었다. 제9권 『엄마야 누나야』(김소월·윤석중·이원수·정지용 외 글, 변정연 그림)와 제10권 『귀뚜라미와 나와』(권태응·남대우·백석·윤동주 외 글, 최미숙 그림)는 동요와 동시를 골라 실었다. 당시 작품 활동을 했던 거의 모든 작가들의 대표작, 시대의 소용돌이 속에서 잊힌 소중한 작품들을 만날 수 있다.

이 선집 제1권인 『엄마 마중』만 읽어 봐도 이 선집에 실린 작품들이 중요한 까닭을 알 수 있다. 「만년 샤쓰」(방정환), 「새끼 잃은 검둥이」(이익상), 「바위나리와 아기별」(마해송), 「이천냥 빚으로 대신 가는 언년이」(송근우), 「천 년 묵은 홰나무」(맹주천), 「눈물의 은메달」(연성흠), 「쫓겨가신 선생님」(송영), 「엄마 마중」(이태준). 이런 작품과 작가만 훑어봐도 '어? 이 사람이 동화도 썼나?' 하는 생각이 들 정도다. 우리 문학사에 중요한 업적을 남긴 작가도 있고, 전혀 생소한 사람도 있다. 「이천냥 빚으로 대신 가는 언년이」나 「쫓겨가신 선생님」처럼 제목만으로도 우리 겨레가 어렵게 살았던 시대를 느끼게 해 주는 작품도 있다.

이 선집은 어린이들한테도 권하고 많이 읽혀야 하겠지만, 어른들도 읽어야 한다. 더욱이 어린이 문학을 하겠다고 마음먹은 어른이라면 꼭 읽어야 한다. 지난날 선배 작가들이 남겨 놓은 좋은 작품을 읽어야 그것을 뿌리로 삼아 오늘을 사는 겨레의 삶, 내일을 여는 겨레의 삶을 담아내는 좋은 동화를 쓸 수 있기 때문이다.

엄마 마중
방정환 외 글 / 보리

63

좋은 옛날이야기를 골라 주자

좋은 동화 고르기

학부모나 교사들을 대상으로 독서 교육에 대한 강의를 하면 자주 나오는 질문이 한 가지 있다. 아이들이 그리스 로마 신화를 너무 좋아하는데 괜찮겠느냐는 것이다. 그리스 로마 신화에 나오는 어려운 신들의 이름까지 줄줄이 외우면서 우리 신화는 잘 모른다고 걱정을 하기도 한다. 단군신화나 주몽을 비롯한 건국 신화를 빼고는 마땅하게 우리 겨레 신화라고 널리 알려진 게 별로 없는 게 사실이다.

1990년대 이후로 '바리데기'를 비롯해 무속 신화를 어린이들이 읽을 수 있게 펴낸 책들이 많이 있지만 딱히 신화라기보다는 넓은 의미의 옛날이야기로 인식되고 있다. 부족하기는 하지만 건국 신화와 더불어 천지 창조에 얽힌 신화도 찾아서 권유해 주는 게 좋겠다.

『세상이 처음 생겨난 이야기 창세가』(고승현 글, 김병하 그림, 조현설 감수, 책읽는곰)는 우리 겨레 선조들이 이 세상에 사람들이 어떻게 생겨났을까를 상상한 이야기다. 창세 신화는 인간 세상이 만들어진 이야기이면서 동시에 인간 세상을 창조한 신에 관한 이야기이다. 창세 신화에는 '세상은 어떻게 생기게 되었나?', '사람은 어떻게 만들어진 것인가?', '이 세상에 선과 악이 존재하게 된 까닭은 무엇인가?'와 같은 물음에 대한 대답이 들어 있다. 또 세상이 이렇게 혼탁하게 된 까닭과 그런 혼탁한 세상을 평화롭게 바꾸려는 마음을 보여 주고 있다. 조현설을 비롯한 여러 학자들이 우리 겨레 신화를 새롭게 발굴하고 해석하며, 어린이 문학 작가들이 꾸준히 새롭게 다듬어 가고 있다.

『울보 바보 이야기』(윤구병 글, 홍영우 그림, 휴먼어린이)는 밤하늘 한복판을 흐르는 은하수가 생긴 까닭을 새로 쓴 옛날이야기다. 어느 마을에 무서운 돌림병이 돌게 된다. 할아버지는 돌덩어리처럼 딱딱하게 굳은 사람들의 마음을 녹일 수 있는 방법을 찾으러 절름발이 노새를 타고, 외로운 반딧불이를 앞장세워 길을 떠난다. 그 길에서 울보 바보 아이를 만나고, 그 아이는 불쌍한 벌레나 짐승이나 사람들을 보면 불쌍하다면서 눈물을 흘린다. 그 눈물에 모두 되살아나고, 사람들의 마음이 부드러워진다. 세상을 평화롭게 바꾸는 건 바로 그런 마음이고, 그런 마음이 은하수처럼 넘쳐흐르기를 바라는 마음을 담아낸 따뜻한 옛날이야기다.

『뒤집힌 호랑이』(김용철 글·그림, 보리)는 잘못된 세상을 뒤집는 이야기다. 옛날이야기에서는 좋은 사람이 나쁜 사람을 이기고, 약한 사람이 센 사람을 이기고, 불행한 세상을 행복한 세상으로 바꾼다. 그래도 안 되면 이 옛날이야기처럼 세상을 뒤집는다. 일하는 사람들을 잡아먹는 호랑이가 홀라당 뒤집혀서 죽고, 일하는 사람들이 되살아나 신명 나는 세상을 만들어 간다. 옛날이야기는 때로는 과장된 내용을 담기도 한다. 과장과 허풍이 담긴 재미있는 이야기를 읽으며 즐거운 시간을 만들어 나가는 것이다.

옛날이야기는 신화, 전설, 설화, 민담, 유래담을 비롯해 우리 조상들이 이 땅에서 수천수만 년을 살아오면서 깨달은 지혜를 담아낸 이야기들이다. 넓게 말한다면 역사도 옛날이야기다. 곧 우리 겨레가 살아온 옛날이야기를 읽어서 기억한다는 건 우리 겨레가 살아온 삶을 이어 간다는 의미가 된다. 그러니 우리 겨레가 만들어 낸 옛날이야기를 더욱 지혜롭고 재미있게 가꿔서 어린이들이 그리스 로마 신화보다 더 좋아하게 만들어 나가야 하겠다.

세상이 처음 생겨난 이야기 창세가

고승현 글 / 책읽는곰

64
새로 쓰는 옛날이야기를 골라 주자

옛날이야기는 말하는 사람과 듣는 사람, 때와 장소에 따라서 그 줄거리와 작은 사건들이 달라진다. 그래서 옛날이야기는 항상 살아 있는 새로운 이야기가 될 수 있다. 나아가 요즘은 옛날이야기 체로 새로운 옛날이야기를 쓰는 작가들도 늘어나고 있다. 새로운 옛날이야기를 만들어 내는 것은 좋은 일이다. 그만큼 우리 겨레의 삶을 풍부하게 해 주기 때문이다.

옛날이야기 정신을 잘 살리면서 깨끗한 우리말로 새로 쓰는 일에 앞장 선 사람이 서정오다. 서정오는 1980년대부터 우리 겨레 옛날이야기를 다시 조사하고 채집해서 새로 다듬어 썼다. 보리출판사에서 옛이야기보따리로 펴낸 『아기장수 우투리』(이우경 그림), 『메주도사』(이형진 그림), 『두꺼비 신랑』(김성민 그림), 『나귀 방귀』(김환영 그림)를 비롯한 10여 권과, 『깔깔 옛이야기』(서선미 그림), 현암사에서 펴낸 『우리 옛이야기 백가지 1, 2』가 그런 책이다. 우리 아이들한테 어떤 옛날이야기를 어떻게 들려주고 싶은가에 대한 서정오의 생각은 『옛이야기 되살리기』(보리), 『옛이야기 들려주기』(보리) 같은 책에서 자세히 설명해 놓았다.

이향숙은 경기도 양평에서 어린 시절을 보내면서 어른들한테 들었던 옛날이야기를 맛깔스러운 입말로 풀어서 새로 썼다. 『입말로 들려주는 우리 겨레 옛이야기』(이향숙 글, 영림카디널)라는 제목 아래 '언어편', '경제편', '생명편', '지혜편', '우리 꽃편' 처럼 주제나 소재별로 분류해서 펴내고 있다. 나아가 우리 어린이들이 생활에서 쉽게 만날 수 있는 동식물이나 사물이 생겨난 까닭을 새로운 유래담 형식으로 창작하고 있다.

오진원은 『책 빌리러 왔어요』(정승희 그림, 웅진주니어)처럼 옛날 사람들이 살았던 모습을 담은 동화를 옛날이야기 체로 창작하였다. 돌쇠라는 아이가 책을 빌려 주는 세책점에서 책을 보고 싶어 닷새 동안 나무를 해다 주고, 나중에는 세책점에서 일하게 된다. 조선 시대 한글 책과 책을 빌려 주고 빌려 보는 독서 문화를 보여 주기 위해 세책점을 배경으로 하는 동화를 옛날이야기 형식으로 창작해서 전달하고 있다.

옛날이야기는 오랜 세월 이어져 온 이야기지만 동시에 이처럼 그 시대에 또 다른 많은 사람들의 생각에 따라 바뀌거나 새로운 이야기가 태어났다. 요즘은 책으로 펴내면서 책에다 새로 쓴 자기 이름을 밝히지만 몇십 년 전만 해도 옛날이야기에 이름이 따라다니지는 않았다. 새로운 옛날이야기들이 그 정신과 본질을 지키면서도 오늘과 내일을 살아가는 아이들한테 맞게, 끊임없이 새롭게 태어났으면 한다.

책 빌리러 왔어요
오진원 글 / 웅진주니어

65

어린 시절 이야기

　언제부터가 옛날이고, 언제부터가 지금일까? 백 년 전은 옛날이고, 백 년 후는 지금일까? 오십 년 전은 옛날이고, 오십 년 후는 지금일까? 참 나누기 어렵다. 내 생각에는 내가 태어나기 전이나 내가 태어나서 기억을 할 수 있는 시대 이전은 다 옛날이 아닐까 한다. 그러니까 아이들한테 '옛날에~' 하는 말로 시작할 때는 대개 그 아이가 태어나기 전이나 그 아이가 무엇을 기억하기 전이라는 가정을 하고 말하게 되는 것이다. 따라서 현재를 살아가는 어린이들한테 부모나 교사들이 살았던 어린 시절 이야기는 오래된 옛날이야기인 것이다. 그래서 아이들은 어른들이 들려주는 어린 시절 이야기를 좋아한다. 쓸데없는 자기 자랑만 늘어놓지 않으면 말이다.

　어린이들한테 부모나 교사들이 살았던 어린 시절 이야기, 경험담이 중요한 가치가 있다는 걸 널리 알린 사람은 이오덕이다. 그는 한국글쓰기교육연구회를 이끌면서 회원 선생님들한테 '어린 시절 이야기'와 '내가 만난 아이들'에 대한 글을 쓰라고 많은 권유를 하였다. 그렇게 권유를 받아 쓴 글을 한국글쓰기교육연구회에서 펴내는 월 회보에 실었고, 출판사에 권유해서 책으로 펴내도록 주선하기도 하였다. 보리출판사에서 글쓰기 회보에 실렸던 어린 시절 이야기를 '보리피리 이야기'라는 연속물로 내게 된 까닭도 이오덕 글쓰기교육 정신을 이어 나가고, 널리 펴기 위함이다.

　『달걀 한 개』(박선미 글, 조혜란 그림, 보리)도 '보리피리 이야기' 가운데 한 권이다. 어린 시절에 집에서 닭을 기르고, 어머니가 아침마다 새로 낳은 달걀부

침을 아버지에게 드렸다. 주인공이 그 달걀부침을 아버지에게 갖다 드리는 심부름을 하면서 겪은 일, 그런 일을 돌아보면서 나중에야 아버지 사랑을 깨닫게 되는 마음을 수필로 잘 살려 놓았다.

『내 색시는 누구일까』(김종도 글·그림, 보리)도 '보리피리 이야기' 가운데 한 권인데, 그 맛이 또 다르다. 이웃집에 시집 온 예쁜 새색시를 보고 좋아하는 어린 마음이 잘 나타나 있고, 이다음에 커서 장가를 갈 때 누가 내 색시가 될지 알고 싶어 하는 마음이 재미있다. 지금도 유치원 아이들이나 초등학교 저학년 아이들이 마음속으로 무척 궁금해하는 것 가운데 한 가지라고 할 수 있으니, 시대를 넘어서는 이야기가 될 것이다.

김종만이 쓴 사계절 동화 『봄 여름 가을 겨울』(이병원 그림, 고인돌)은 주인공이 어린 시절에 마을 아이들과 자연 속에서 마음껏 뛰어놀던 이야기를 동화로 꾸며 썼다. 꾸며 썼다고 하지만 겪은 사실을 솔직하고 자세하게 썼다. 책을 읽은 어린이들이라면 책 속에서 주인공과 함께 놀고 싶은 마음이 들 것이다.

고인돌에서 나온 이호철 사계절 동화 『온 산에 참꽃이다!―봄』(박소정 그림), 『늑대할배 산밭 참외 서리―여름』(장호 그림), 『알밤 주우러 가자!―가을』(이재관 그림), 『산토끼―겨울』(이혜원 그림)은 사계절 뛰어놀면서 씩씩하게 자라나는 아이들의 삶이 생생하게 담겨 있다. 김종만 사계절 동화와 같이 계간 《어린이 문학》에 연재했던 글을 책으로 펴낸 것인데, 우리 아이들한테는 어느새 조부모 세대의 이야기가 되었다.

요즘 어린이들이 부모나 조부모가 살았던 경험을 들으며 자란다는 것은 우리 겨레가 살아온 삶을 이어 간다는 의미가 있다. 생활 경험이란 단순한 재미를 넘어서 자연과 세상을 어떻게 보고, 어떻게 만나는지를 사실 그대로 전달해 주기 때문이다. 이러한 이야기를 듣는다는 것은 자연을 벗어난 현대 물질 문명 때문에 겪어야 하는 잘못된 삶을 회복할 수 있는 마음과 정신을 되살려 주는 길이기도 하다.

봄 여름 가을 겨울
김종만 글 / 고인돌

66

일제 강점기의 삶이 담긴 동화

"학교에서 돌아온 아이가 갑자기 '엄마, 일제 강점기가 왜 나빠?' 하고 묻는데, 선뜻 대답할 수가 없었습니다. 쉽게 설명해 줄 수가 없어 부끄러웠습니다. 일제 강점기가 왜 나쁜지를 올바르고 쉽게 가르쳐 줄 수 있는 책을 알려 주세요."

오천 년 역사 가운데서 가장 치욕스러운 역사를 꼽으라면 단연 나라를 완전히 빼앗겼던 시대다. 그런데 벌써 이런 치욕을 잊고 사는 사람이 많다. 역사의 죄는 용서하되 잊어서는 안 된다는 말이 있다. 일제 강점기에 일제가 저지른 죄를 용서는 하되 결코 잊어서는 안 된다. 그 죄를 잊을 때, 나라를 빼앗기면 백성들이 얼마나 비참하게 살아야 하는지를 잊는다면 그런 역사를 우리 후손들이 또다시 겪어야 할 것이다.

치욕스러운 역사일수록 어린이들이 이해하기 쉽게 알려 주는 일이 참 힘들다. 학교 교육에서도 대부분 지식으로만 가르치고 있다. 지식 교육으로는 그 침략으로 일어나는 폭력, 그 폭력에 어떻게 맞서 이겨야 하는가를 제대로 가르칠 수 없다. 이는 오직 문학과 예술로 가능하다. 곧 우리 역사를 어린이들한테 좋은 문학으로 전달할 수 있어야 한다.

참 아쉽게도 일제 강점기를 어린이 문학으로 올바르게 담아낸 작품이 얼마 안 된다. 올곧은 주제를 쉽게 형상화하는 데 성공한 작품이 부족하다. 단행본으로 나온 책이 한 권 있는데, 제목은 『마사코의 질문』(손연자 글, 김재홍 그림, 푸른책들)이다. 우리말 말살 정책이 학교 현장에서 어떻게 이루어지고 우리 민족은 이를 어떻게 극복했는가를 아름답게 승화시켜 보여 준 「꽃잎으로 쓴 글자」, 일제 침략자들한테 가족을 다 잃고도 희망을 잃지 않고 살다가 결국 일본 순사의 곤봉에 맞아 머리가 깨져 죽는 「방구 아저씨」, 관동대지진 때 조선인을 학살하던 광기, 정신대 할머니가 들려주는 고백, 윤동주 시인이 겪은 생체 실험들을 잘 다듬어 써냈다. 저자가 지향하는 평화 의식은 마지막 「마사코의 질문」에서 절정을 이룬다. 초등학교 고학년과 중·고등학생, 대학생과 어른들한테도 꼭 권하고 싶은 책이다.

일제 강점기를 다룬 단편 동화로는 '남북 어린이가 함께 보는 창작동화' 『이상한 선생님』(채만식·이태준 외 글, 이오덕 엮음, 사계절)에 실린 「한길로 간다」가 있다. 북한 작가인 리동섭이 쓴 동화로, 일제 강점기에 어린 두 형제가 겪는 아픔을 담담하게 그려 냈다. 두 아이가 결국 산으로 도망가 강을 건너 항일 유격대로 들어가는 과정을 그려 놓았다. 같은 책에 실린 「토끼와 원숭이」는 우리나라 최초로 동화를 쓴 마해송이 동물을 주인공으로 쓴 의인 동화로, 저학년한테 알맞다. 같은 책에 실려 있는 채만식의 「이상한 선생님」, 이태준의 「어린 수문장」, 권정생의 『사과나무밭 달님』(정승희 그림, 창비평사)에 실려 있는 「공 아저씨」 같은 단편들을 더 권할 수 있다.

이런 동화를 읽은 다음에, 『살아있는 한국사 교과서』(전국역사교사모임 엮음, 휴머니스트)나 『역사신문』(역사신문편찬위원회 엮음, 사계절) 같은 책에서 일제 강점기를 쓴 부분을 읽으면 좋겠다. 동화로 읽었던 내용을 역사적 사실과 함께 읽다 보면 그 시대의 아픔을 더 절실히 느낄 수 있을 것이다. 또한 주인공이 겪었던 일의 배경을 더 정확하게 알 수 있으며 바른 역사의식을 기르는 데도 도움이 될 것이다.

마사코의 질문

손연자 글 / 푸른책들

67

6·25 동란의 아픔이 담긴 동화 1

"우리 민족 현대사에서 가장 큰 아픔인 남북 분단과 동족끼리 싸우고 서로 죽인 6·25 동란에 대한 이야기를 담은 동화가 있습니까?"

우리 겨레의 어린이를 참으로 우리 겨레의 어린이로 올곧게 자라도록 하려면 우리 겨레가 살아온 기쁘고 즐거운 이야기도 알아야 하지만 슬픔과 아픔이 담긴 괴로운 이야기도 사랑할 수 있어야 한다. 좋은 사건이야 쉽게 이해하고 사랑하기 쉽지만, 나쁜 사건은 이해하기조차 어렵고 자칫 경멸과 증오심을 갖게 할 수도 있다. 따라서 나쁜 사건일수록 사람과 겨레에 대한 깊은 통찰과 진정으로 사랑하는 사람이 쓴 이야기를 골라 줄 필요가 있다.

우리 겨레가 겪은 가장 큰 비극인 6·25. 60여 년 전 사건이지만 앞으로 60년이 지나도 그 상처가 다 아물기 어려운 사건이다. 이 시대를 사는 어느 누구도 한민족이라면 이 사건이 만들어 놓은 질곡에서 벗어날 수 없다. 그만큼 문학에서도 비중 있게 다루고 있다. 어른을 대상으로 하는 문학뿐 아니라 어린이를 대상으로 하는 문학에서도 많이 다루고 있다. 그런데 아쉽게도 어린이를 대상으로 하는 문학에서는 오히려 민족 분열을 더 심화시키는 내용이 많았다. 6·25를 소재로 전쟁 행위와 전쟁 영웅을 미화하고, 동족을 증오하고 경멸하는 마음을 갖게 하는 동화가 대부분이었다.

그런 가운데 나온 권정생 동화는 6·25라는 엄청난 사건을 사람다운 마음으로 느끼게 하고, 모두가 같은 겨레라는 눈으로 바라보게 하였다. 독자들의 가슴속에 모두가 같은 사람으로 함께 살아야 한다는 마음을 심어 주기에 충분하다.

『몽실 언니』(이철수 그림, 창비)는 1980년대에 《새가정》에 연재하면서 여러 차례 삭제당하고 중단되는 아픔을 겪었던 동화다. 어린 몽실이의 삶을 통해 6·25로 상처받은 우리 겨레가 겪는 아픔을 보여 주고 있다. 온갖 어려움 속에서도 인간다움을 잃지 않는 몽실이의 이야기가 진한 감동을 준다.『몽실 언니』가 여자 어린이를 주인공으로 한 동화라면『점득이네』(이철수 그림, 창비)는 같은 시대를 살았던 남자 어린이의 눈으로 6·25를 본 동화다. 이 책에서는 소련군과 미군이 저지른 만행을 똑같이 보여 준다. 나아가 분단으로 고통 받는 사람들의 가슴에 맺힌 한을 하루빨리 통일 세상을 만들어 풀어 주어야 함을 보여 준다. 몽실이와 점득이보다 조금 더 큰 청소년기, 휴전선 때문에 겪는 아픔까지 담아낸 작품으로는 『초가집이 있던 마을』(홍성담 그림, 분도출판사)이 있다.

몽실 언니
권정생 글 / 창비

좋은 동화 고르기

68

6·25 동란의 아픔이 담긴 동화 2

한 언론에서 조사한 '6·25를 10명 중 4명은 모른다.'는 기사를 읽고, 6월 25일 학교에서 돌아온 5학년 딸에게 "오늘 학교에서 6·25 전쟁에 관한 이야기를 나누었니?"라고 물었다. 딸은 오늘이 6·25가 발발한 날인지조차 모르는 눈치였다. 남과 북이 나뉘어 살고 있는 현실에서 우리가 너무 무심하다는 생각이 들었다. 이런 무심함에 대한 걱정에서인지 6·25 전쟁에 대한 책이 여러 가지 이야기로 나와 있다. 책을 읽으면서 우리 아이들이 통일을 이루는 날을 소망하고 남북이 하나 되는 꿈을 키워 나갔으면 좋겠다.

『비무장지대에 봄이 오면』(이억배 글·그림, 사계절)은 비무장 지대를 배경으로 그린 그림책으로 6·25가 남긴 아픔을 알 수 있는 책이다. 아무나 갈 수 없는 비무장 지대를 물범, 수달, 연어들이 자유로이 드나드는 것을 보면서 통일에 대한 염원을 꿈꾸는 이야기가 담겨 있다. 『곰이와 오푼돌이 아저씨』(권정생 글, 이담 그림, 보리)는 전쟁으로 목숨을 잃은 두 영혼이 30년이 지난 뒤 깨어나 악몽 같은 지난날을 회상하면서 서로를 위로한다는 내용이다. 가족들과 피난을 가던 곰이와 인민군으로 남쪽으로 내려와 싸우던 오푼돌이 아저씨가 치악산 근처에서 죽음을 맞이했다. 오랜 시간 뒤 깨어난 두 영혼이 가족을 그리워하면서 대화를 한다. 같은 민족끼리 왜 싸움을 했냐고 곰이가 묻자 "인민을 위해 싸운 건데, 죽은 건 모두가 가엾은 인민들뿐이었어."라고 대답한다. 전쟁이 힘없는 사람들에게 무엇을 남겼는지 생각하게 하는 그림책이다.

『노근리, 그 해 여름』(김정희 글, 강전희 그림, 사계절)은 6·25 전쟁 중에 일어났던 충북 영동의 노근리 마을에서 실제로 겪은 '노근리 사건'을 이야기로 풀어 쓴 책이다. 안전한 피난을 도와주겠다던 미군들은 마을 사람들을 쌍다리굴로 몰아넣고 사람들에게 총을 쏜다. 영문도 모르고 죽어 간 마을 사람들 틈에 다행히 주인공 은실이는 살아남게 되지만 충격으로 말을 하지 못하게 된다. 전쟁이란 소용돌이 속에서 믿을 수 없는 일을 당하게 된 노근리 마을 사람들이 겪은 고통과 아픔을 알 수 있게 해 주는 책이다.

아픈 과거지만 우리가 알아야 할 우리 역사다. 알아야 옳고 그른 것을 판단하고 미래를 구상할 수 있을 것이다. 역사 이야기를 통해 아이들이 나라를 생각하는 눈과 생각할 수 있는 폭이 넓어지길 기대해 본다.

노근리, 그 해 여름
김정희 글 / 사계절

가까운 우리 역사가 담긴 동화 - 4·3, 4·19, 5·18을 담은 동화

아이들과 역사 공부를 하다 보면 현대사를 제일 재미없어 한다.

가장 가까이 있는 역사인데도 아이들이 재미없고 어려워하는 까닭은 무엇일까? 그간 정치적 이익을 따지느라 세상 밖으로 드러내기 힘들었고, 그만큼 익숙하지 않았던 것도 그 이유 가운데 하나일 것이다. 다행히 요즘은 출판사에서 다양한 주제와 접근 방식으로 현대사 이야기를 펴내고 있다.

『4·19 혁명』(윤석연 글, 소복이 그림, 한겨레틴틴)은 소설 형식을 빌려 4·19 혁명에 대한 이야기를 풀어 놓은 전개 방식이라 아이들이 현대사를 쉽게 만날 수 있는 책이다. 당시 정치 상황과 4·19가 일어난 배경을 생생한 사진들과 함께 담아 놓은 책 안에는 아이들과 함께 토론을 할 만한 주제들이 가득하다.

『오월에도 눈이 올까요?』(김현태 글, 김정운 그림, 맹앤앵)와 『아빠의 선물』(문귀숙·이혜영·장지혜 글, 김대중 그림, 나라말아이들)은 광주 민주화 운동에 대한 이야기다. 『오월에도 눈이 올까요?』는 주인공 민수를 통해 5·18 민주항쟁이라는 역사를 들여다보고, 역사에 상상력을 더한 문학이다. 민수네는 '북경반점'을 하며 고향인 광주에서 산다. 1980년 5월 오토바이를 타고 볼일을 보러 갔던 아버지가 군인들한테 구타를 당해서 목숨을 잃게 된다. 계엄군으로 광주에 온 삼촌과 대비한 인물 설정이 격정의 시간을 함께한 많은 사람들에 대한 연민을 느끼게 한다. 『아빠의 선물』에는 5·18과 관련된 세 가지 이야기가 담겨 있다. 이 책은 5·18 재단에서 공모한 동화 가운데서 수상한 작품을 모아 엮어 놓은 책이다. 「되찾은 삼촌」은 5·18로 아들을 잃은 할머니가 아들 친구를 아들로 알고 살아가는 이야기이고, 「아빠의 선물」은 5·18 사건을 취재하는 사진 기자로 활동했다가 해직된 아버지 때문에 힘들어하는 주인공 이야기이다. 「무궁화 꽃이 피었습니다」는 국립묘지에 참배하러 갔다가 5·18 민주항쟁이 일어난 광주로 시간 여행을 가게 되어 그 참담한 현실을 보게 된다는 이야기다.

『다들 어디로 갔을까』(현길언 글, 백성민 그림, 계수나무)는 제주에서 일어난 4·3 항쟁을 다룬 책이다. 4·3 항쟁을 겪으면서 주인공은 가족을 잃고 키우던 소와 돼지와 말을 잃게 된다. 그리고 친구처럼 지내던 개까지 잃게 된다. 살아남은 어머니와 규명이는 불타 버린 마을로 다시 향한다. 모두 불타 버린 마을을 찾아가는 두 사람의 모습에서 우리는 희망을 발견하게 된다.

이러한 책이 우리 현대사에 관심을 갖게 되는 씨앗이 되어 우리 아이들이 만들어야 하는 미래에 대한 생각이 더 깊어지고 커지기를 바란다.

4·19 혁명
윤석연 글 / 한겨레틴틴

70

통일을 생각하는 동화

"올해 처음으로 6학년을 담임하게 되었습니다. 사회 교과 시간에 역사를 빛낸 위인을 가르치는 단원이 있습니다. 우리 반 어린이들한테 민족 통일의 꿈을 길러 주는 위인전을 소개하고 싶은데, 어떤 위인전이 좋을까요?"

6학년 1학기 사회 교과 시간에 가르치는 위인들 중 20세기 후반 인물이 없으니 민족 통일을 지향하는 인물도 소개되지 않는다. 따라서 이 단원을 공부할 때 우리 역사를 발전시킨 인물들을 다양하게 조사하도록 하고, 노래 〈역사를 빛낸 100명의 위인들〉을 어린이들이 토의하여 새로 정해 보는 시간을 가지면 좋겠다. 이때 20세기 후반 우리 역사를 올곧게 가꾸기 위해 애쓴 사람들을 소개해서 추가시키면 좋다.

격동의 20세기 후반사에서 분단된 조국의 산하를 사랑으로 부둥켜안고 살다 간 사람들은 헤아릴 수 없이 많다. 지금도 끊임없이 자신의 삶을 바치고 있는 사람도 많다. 우리 민족의 통일, 남·북한이 함께 잘살게 되기를 염원하면서 그 길을 실천한 사람들의 이야기를 우리교육, 사계절, 한겨레아이들 같은 출판사에서 꾸준히 내고 있으나 기대만큼 널리 읽히는 것 같지는 않다. 안타까운 일이다. 현대사에서 분단을 극복하고 통일을 지향하는 삶을 살았던 백범 김구, 장준하, 원병오, 김순권을 더 많은 사람들이 읽으면 좋겠다.

김구는 삼팔선을 베고 죽을지언정 절대 남·북한 단독 정부는 안 된다며 민족이 나갈 올바른 길을 주장하다 흉탄에 쓰러지셨다. 우리 민족 20세기 역사에서 가장 올바르고 뚜렷하고 커다란 발자취를 남긴 만큼, 김구 위인전은 아주 많다. 어느 위인전집에도 김구는 꼭 들어가 있다. 낱권으로 나와 있는 책도 많다. 여러 책들을 비교 검토해 본 결과 6학년이라면 신경림 시인이 쓴 『백범 김구』(신경림 글, 이철수 그림, 창비)를 권하고 싶다. 또 남북이 함께 살 수 있는 올바른 길을 제시하다 민주화 운동에 목숨을 바치신 장준하 선생님의 이야기를 쓴 『민주주의의 등불 장준하』(김민수 글, 한병호 그림, 사계절)도 권하고 싶다.

새 박사 원병오 박사 이야기 『새를 보면 나도 날고 싶어-새 박사 원병오』(이상권 글, 이상규 그림, 우리교육)는 남북에서 자신의 삶을 성실하게 살면서 서로 그리워하는 아버지와 아들, 새처럼 자유롭게 철조망을 넘나들고 싶은 이산가족들의 마음이 잘 담겨 있다. 옥수수 박사 김순권 박사 이야기 『아프리카의 옥수수 추장- 옥수수 박사 김순권』(조호상 글, 이준섭 그림, 우리교육)은 굶주리는 북한 주민을 돕기 위해 애쓰는 모습이 담겨 있다.

새를 보면 나도 날고 싶어-새 박사 원병오
이상권 글 / 우리교육

71

인권을 생각하게 하는 동화

아이들이 방과 후 수업을 마치고 학교 도서관에 들렀을 때 5학년 담임 선생님 중 한 분이 '인권'에 대한 책을 찾아 달라고 부탁하셨다. 아이들한테 인권이 무엇인지에 대한 설명을 해 주고 싶다고 하셨다. '인권'이라는 단어는 어렵지 않게 듣지만 정작 그 뜻을 파악하긴 쉽지 않다. 이럴 땐 그림책이 참 고마운 존재이다. 풀어내어 설명하기 어려운 문제들을 아이들의 눈높이에 맞게 그림과 함께 설명해 주니 가르치는 사람한테는 얼마나 고마운지 모른다.

『꽃할머니』(권윤덕 글·그림, 사계절)는 실제 위안부였던 심달연 할머니의 증언으로 만들었다. 이 책은 한·중·일 작가와 출판사가 모여 만든 평화 그림책 중에 하나다. 아이들에게 너무 어른스러운 소재라 걱정스럽다는 목소리도 있지만 정직하게 역사를 이야기해 주는 것은 평화로운 세상을 만드는 첫걸음이라 생각한다. 책 안을 들여다보면 조심스레 그린 그림 안에서 억울한 인생을 살아오신 할머니를 만날 수 있고, 우리가 살아가고 있는 나라가 얼마나 많은 사람들의 희생 위에 만들어졌는지 알게 되는 책이다. 아이들이 읽기 쉽게 쓰려고 작가가 고민하고 애쓴 흔적이 전해진다.

『거짓말 같은 이야기』(강경수 글·그림, 시공주니어)는 지구촌 곳곳에서 자연재해, 노동, 질병, 가난으로 고통 받으며 살아가는 아이들의 소망 이야기를 통해 참담한 현실을 담아낸 그림책이다. 간결한 글과 그림 안에 이렇게 많은 이야기를 담고 있고, 많은 생각을 하게 만든다는 점이 놀랍기만 하다.

『우리에겐 권리가 있어!』(알랭 시셰 글·그림, 김현경 옮김, 톡)는 유엔아동권리

협약을 그림과 함께 옮겨 놓은 책이다. 아이들보다 어른들이 더 보아야 할 책이라 생각한다. 전 세계 모든 어린이는 배고프지 않을 권리, 부모를 함부로 빼앗길 수 없는 권리 등이 있다. 당연한 권리를 말하는 것 같지만 현실은 그렇지 않음이 안타깝기만 하다.

『사라, 버스를 타다』(윌리엄 밀러 글, 존 워드 그림, 박찬석 옮김, 사계절)는 미국 흑인 인권 운동사에서 출발점으로 기록된 로사 팍스가 겪은 이야기를 재구성한 이야기다. 흑인은 버스 뒷좌석에만 앉아야 한다는 법 때문에 사라는 앞자리에 앉아 본 적이 없다. 어느 날 사라는 용기를 내서 버스 앞에 앉을 권리를 되찾기 위해 세상에 소리치기 시작한다. 한 사람이 시작한 용감한 행동이 세상을 바꾸는 위대한 힘이 되었다.

사회에 대한 관심은 세상을 다르게 볼 수 있는 시각을 갖게 만든다. 세상을 다른 시각으로 볼 수 있는 힘이 생기면 어떤 문제에 부딪쳐도 현명한 선택을 할 수 있게 될 것이다. 우리 아이들이 이런 힘으로 세상을 살아나가도록 좋은 책을 권해 주었으면 좋겠다.

꽃할머니
권윤덕 글 / 사계절

72

남·북 어린이가 함께 읽는 동화

"'남·북 어린이 어깨동무'라는 단체에서 '북녘 어린이 돕기 사랑의 공차기 대회'를 할 때 북한 동화책 전시회를 보았습니다. 그때 우리나라에서 출판된 북한 동화책도 있다고 들었는데, 어떤 책이 있나요?"

현재 출판되어 서점에서 판매되고 있는 북한 동화책은 20여 종으로, 전래동화와 창작동화가 있다. 전래동화는 긴 역사를 함께 살아오면서 같은 정서와 생각으로 형성된 문화유산 가운데서 남·북이 함께 나누어 갖고 있는 가장 확실한 것이다. 오천 년 역사 속에서 사람들 입에서 입으로 전해 온 이야기여서 비록 육십 년 넘게 갈라져 있기는 했어도 그 줄거리는 바뀌지 않았다.

이렇게 남쪽과 북쪽에서 각각 전해 내려오고 있는 우리 옛날이야기를 읽으면서 남·북이 한겨레임을 자연스럽게 느끼게 하고 싶은 마음으로 1991년에 사계절 출판사에서 엮은 책이 있다. 바로 '남북 어린이가 함께 보는 창작 동화'로 모두 10권이다. 그 시기를 생각할 때 출판사로서는 참으로 어렵게 출판한 책이다.

창작동화로는 역시 1991년에 처음 사계절 출판사에서 출판한 다섯 권이 있다. 2001년에 새롭게 바꿔 낸 이 책은 남쪽에서 창작한 동화, 북쪽에서 창작한 동화, 연변에서 창작한 동화 가운데서 우리 겨레 어린이들이 함께 읽기에 좋다고 생각하는 동화를 이오덕 선생님이 추려서 엮은 책이다.

첫째 권인 『이상한 선생님』(채만식·이태준 외 글)은 일제 강점기와 해방 바로 뒤를 살아낸 우리 겨레의 삶이 담긴 동화들을 골라 실어 놓았다. 둘째 권인

『정말 바보일까요?』(임길택·권정생 외 글)는 겨레가 두 동강이 되면서 겪게 되는 괴로운 삶, 생각해 봐야 할 삶이 담긴 동화들이다. 셋째 권부터 다섯째 권인 『세 번째 소원』(김청일·손동인 외 글), 『통발신을 신었던 누렁소』(문재홍·이주홍 외 글), 『움마 이야기』(김승옥·김문세 외 글)에는 착하고 슬기로운 생각을 갖게 하는, 우리가 사람답게 살아가려면 어떻게 해야 되는가를 깨닫게 하는 이야기가 담겨 있다. 산하 출판사에서도 이재복이 엮은 책 네 권을 출판하였다. 『친구 없이는 못 살아』, 『다 타고난 재주가 있지요』, 『작다고 깔보다 큰 코 다쳐요』, 『이 고집쟁이 좀 보세요』 같은 책인데, 오래되어서 품절된 것도 있어 안타깝다.

　이렇게 똑같은 우리말과 우리글로 쓴 남·북 동화를 보면서 우리 어린이들이 자연스럽게 '우리 한겨레', '우리와 똑같은 사람들'이라는 정서와 생각을 기를 수 있을 것이다.

정말 바보일까요?
이오덕 글 / 사계절

73

자유와 평화의 씨앗을 심는 동화

미래에 대한 전망은 사람마다 다르다. 어떤 사람들은 멋진 신세계를 조명하고, 또 다른 더 많은 사람들은 새로운 억압과 고통, 그리고 인류가 파멸할 거라고 예고하고 있다. 나는 미래란 오늘을 사는 어린이들이 자라서 만드는 사회고, 따라서 미래는 오늘을 사는 어린이들의 마음을 어떻게 가꾸느냐에 달려 있다고 생각한다. 그 마음에 자유와 평화의 씨앗을 심어 가꾸도록 해야 한다. 자유와 평화를 찾아 소중하게 지키며 키워 내는 씨앗을 품은 동화로 『잔디숲 속의 이쁜이 1, 2』(이원수 글, 이상권 그림, 웅진주니어), 『사자왕 형제의 모험』(아스트리트 린드그렌 글, 일론 비클란트 그림, 김경희 옮김, 창비), 『숲 속 나라』(이원수 글, 김원희 그림, 웅진주니어), 『평화는 어디에서 오나요』(구드룬 파우제방 글, 민애수 그림, 김중철 옮김, 웅진주니어), 『곰이와 오푼돌이 아저씨』(권정생 글, 이담 그림, 보리)를 손꼽을 수 있다.

『잔디숲 속의 이쁜이 1, 2』는 집단 논리에 억압당하는 삶을 떨치고 무리를 떠나는 용기 있는 일개미 이야기다. 무리를 떠나 자유를 추구하는 개미와 자유를 빼앗긴 개미들의 생각을 엿볼 수 있고, 온갖 모험 끝에 자유롭고 평화로운 사회를 만들어 내는 기쁨을 느낄 수 있다.

『사자왕 형제의 모험』은 스웨덴 전설에 나오는 세계인 낭기열라에 간 두 형제가 폭군을 물리치고 자유와 평화를 이뤄 내는 이야기다. 생각이 깊은 형 요나탄과 겁 많고 순진한 동생 스코르빤이 폭군 텡일을 몰아내는 모습이 생동감 넘치게 펼쳐진다.

『숲 속 나라』는 우리 겨레가 해방되어 새 나라를 모색하던 시기인 1949년에 꿈꾸던 나라다. 어린이들이 숲 속에 자유롭고 평화로운 민족국가를 세우고, 외부에서 침략하는 적과 싸우면서 새 나라를 건설하는 꿈이 담긴 동화다. 반세기가 지났지만 아직도, 아니 오히려 더욱 『숲 속 나라』가 꿈꾸고 있는 꿈이 절실하다.

『평화는 어디에서 오나요』는 평화란 무엇이며 어떻게 지켜야 하는가를 조곤조곤 이야기해 주는 동화 여덟 편이 실려 있다. 어린이들은 생활하면서 친구들과 많이 다툰다. 다투는 까닭도 가지각색이다. 다툼이 시작된 까닭을 찾아보면 어느 한쪽의 잘못이라기보다는 서로가 잘못인 경우가 대부분이다. 곧 어린이들이 자기 삶을 돌아보게 하면서 평화란 바로 자기 삶 속에서 지켜내야 함을 깨닫게 해 준다.

『곰이와 오푼돌이 아저씨』는 상징성이 강한 동화다. 6·25 동란 때 이 땅에 사는 수많은 사람들이 서로 총을 겨누고 싸우다 다치고, 죄 없는 사람들이 죽었다. 그런 끔찍한 전쟁을 하고도 우리는 여전히 반쪽으로 갈라진 땅에 살고 있다. 이 전쟁은 도대체 왜 일어난 것인지, 그 결과가 얼마나 참혹했는지, 이런 전쟁이 다시 일어나지 않으려면 우리는 어찌해야 하는지를 우리 어린이들에게 보여 주는 동화다. 이런 강력한 반전 동화를 전두환 독재 정권 시절에 썼다는 점도 놀랍다.

독서는 경험이다. 어떤 경우 직접경험보다 더 생생한 감동을 주는 간접경험

일 수 있다. 이러한 경험을 통해서 어린이들 마음의 밭에 뿌려진 씨앗이 자라
난다. 오늘 어린이들 마음의 밭에 자유와 평화의 씨앗이 뿌려져야 내일 그 열
매가 열릴 수 있다.

잔디숲 속의 이쁜이 1

이원수 글 / 웅진주니어

74

가족 이야기

내 수업을 듣는 2학년 여자아이 한 명은 할머니와 할아버지와 동생이랑 산다고 한다. 수업 내내 한마디도 하지 않고 글도 읽거나 쓸 줄 모르는 아이였다. 어려운 살림에 할머니, 할아버님이 손녀를 신경 쓸 겨를이 없으신 것 같았다. 한글만이라도 읽고 쓸 줄 알게 가르쳐 주고 싶었는데 20여명이나 되는 아이들과 수업을 하다 보니 그 아이에게만 신경을 쓸 수가 없었다. 몇 년이 지난 지금도 그때 일을 생각하면 마음에 걸린다. 어려운 환경에서 공부하는 아이들에게 비슷한 처지인 아이가 주인공으로 등장하는 책을 읽으면서 위안을 받고 희망을 찾는 좌표가 될 수 있다면 좋겠다.

저학년도 볼 수 있는 그림책 『우리 가족입니다』(이혜란 글·그림, 보림)는 가족이란 항상 따뜻하고 행복한 존재인가를 생각하게 하는 책이다. 할머니는 주인공의 아빠가 어렸을 때 아빠를 버렸지만 치매를 앓게 되자 그 아들을 찾아온다. 작은 중국집을 하는 부모님은 항상 바쁘신데 할머니가 부모님을 더 힘들게 하는 것 같아 주인공 아이는 할머니가 밉기만 하다. 할머니를 가족으로 받아들이려 노력하는 주인공의 모습이 그림으로 전해진다. 글보다 그림이 전하는 울림이 큰 책이다.

『문제투성이 가족』(김하늬 글, 최정인 그림, 대교출판)은 남들이 부러워하는 직업을 갖지 못한 부모님을 부끄러워하는 아이들의 심리를 그려 낸 이야기다. 우진이는 가족을 관찰하고 글을 써 오라는 숙제 때문에 머리가 아프다. 아무리 생각해도 자랑할 거리가 없는 식구들이다. 아빠와 엄마는 도배를 하신다.

삼촌은 실직자다. 시골에서 올라온 할머니는 폐휴지를 주워 고물상에 내다 판다. 그러나 숙제를 하면서 아빠와 엄마가 당당하게 살아가시는 마음을 알게 되고, '복덩이' 가족이라는 걸 깨닫게 된다.

『당당해질 거야』(백은하 글, 이경하 그림, 크레용하우스)는 부모님의 이혼으로 보육원에 맡겨져 생활하게 되는 주인공이 홀로서기를 하는 이야기다. 보육원에 사는 황아리는 날마다 이곳을 벗어나고 싶다는 생각을 하면서 산다. 사람들이 보육원에서 지내는 아이라고 달리 보는 시선도 싫고 보육원에서 괴롭히는 언니들 때문에 하루하루가 괴롭다. 그러던 어느 날 얼굴도 모르는 엄마, 아빠가 찾아와 몹시 혼란스럽다. 각자 가정을 이루고 행복하게 살고 있는 부모님을 아리는 이해하기 힘들다. 하지만 아리는 그런 혼란을 이겨 내면서 부모님의 도움 없이 당당하게 홀로서기에 도전한다.

『특별한 이웃 = ㅁ』(남상순 글, 서영경 그림, 사계절)는 새엄마를 가족으로 받아들이면서 일어나는 마음속 변화를 담은 책이다. 6학년 이진이는 새엄마를 맞이하지만 마음을 열지 못한다. 그래서 새엄마와 합의하에 서로 '특별한 이웃'으로 부르기로 잠정 결정한다. 새엄마라 하면 콩쥐팥쥐, 혹은 신데렐라에 등장하는 새엄마를 생각하게 되지만 이 책에 나오는 새엄마는 좀 다르다. 이진이가 혼자 결정하고 문제를 해결할 수 있도록 도와주면서 서서히 한 식구가 되어 간다.

독자들이 이진이를 동정해야겠다는 생각을 하게 만들지 않으면서 통통 튀

는 대화가 좋다. 그런 대화를 통해 요즘 아이들의 심리를 관찰하는 재미도 느
끼게 된다.

당당해질 거야

백은하 글 / 크레용하우스

75

다른 가족 이야기 - 다문화

요즘 각 출판사에서 다문화 가정을 이해하고 그들을 우리 이웃으로 생각할 수 있도록 도와주는 책들이 많이 나와 있다. 아이들에게 그들도 우리 이웃이라는 생각을 갖게 하는 데 도움이 될 것이다.

『라면머리 내 친구 순애』(조수진 글, 박보라 그림, 꿈꾸는사람들)는 친구들과 어울리지 못하는 다문화 가정 속에서 자란 순애와 주인공이 우정을 나누는 이야기다. 동호는 여름 방학을 맞아 할머니 댁에 놀러가서 피부색이 다른 순애를 만난다. 방글라데시 엄마와 한국인 아빠 사이에서 태어난 순애는 늘 말없이 혼자 지낸다. 순애와 이야기를 나누면서 동호는 순애와 진정한 우정을 나누게 된다.

『까매서 안 더워?』(박채란 글, 이상권 그림, 파란자전거)에는 우리나라에 들어온 외국 사람들과 그 가족들이 겪는 어려움을 그린 세 편의 동화가 담겨 있다. 첫 번째 이야기는 낯선 미국에서 겪은 소외감으로 힘들어 하는 아이가 주인공이다. 민영이가 미국에 있는 학교에 적응하지 못해 한국으로 다시 들어오고 얼마 뒤, 필리핀에서 온 티나가 전학을 왔다. 티나를 왕따 시키는 반 친구들을 보면서 미국에서 겪었던 소외감이 생각나 민영이는 닫혀 있던 마음의 문을 티나한테 열기 시작한다는 내용이다. 두 번째 이야기는 불법 체류자인 엄마를 그리워하는 아이의 이야기다. 몽골에서 돈을 벌러 온 성환이네 엄마는 불법 체류자이다. 어느 날 엄마가 불법 체류자 검문에 걸려 추방되고, 성환이는 엄마를 그리워하며 힘든 나날을 보내게 된다. 세 번째 이야기는 다문화 가정에서 태어난 동규가 친구들에게 외면당하지 않기 위해 애쓰는 모습을 그린 이야기다. 엄마가 베트남 사람인 동규는 피부색이 좀 다르지만 언제나 씩씩하고 유머가 넘치는 아이다. 반 친구들과 어울리기 위해 노력하는 동규는 스스로 현실을 받아들이고 어려움을 해결하기 위해 노력한다.

『김찰턴순자를 찾아 줘유!』(원유순 글, 박윤희 그림, 주니어RHK)는 혼혈아가 주인공이다. 이 책은 자기 모습을 자랑스럽게 여기며 꿈을 갖고 사는 주인공을 통해 혼혈아에 대한 편견이 사라지게 만드는 이야기다. 혼혈아란 사실이 커다란 상처가 되어 살아 온 아빠와는 달리 민정이는 자신감이 넘치고 당당하다. 가수가 되겠다는 꿈 또한 야무지게 꾸고 있다. 남들과 다른 외모도 얼마든지 개성으로 바꿀 수 있다고 생각한다. 이런 긍정적인 성격이 남들과 다른 자기 모습을 당당하게 여기도록 이끌어 준다.

까매서 안 더워?
박채란 글 / 파란자전거

76

어머니 사랑을 노래하는 책

너를 사랑해 언제까지나

너를 사랑해 어떤 일이 닥쳐도

내가 살아 있는 한

너는 늘 나의 귀여운 아기

    – 『언제까지나 너를 사랑해』 중에서

『언제까지나 너를 사랑해』(로버트 먼치 글, 안토니 루이스 그림, 김숙 옮김, 북뱅크)에서 끝없이 되풀이해서 불러 주는 노래 후렴구다. 누구나 어머니가 있고, 어머니를 생각하는 순간은 누구나 그 어머니한테는 아기가 된다. 구십 살 어머니가 칠십이 된 아들이 나갈 때마다 "춥지 않게 옷 잘 입어라, 차 조심해라, 든든하게 먹고 다녀라……."라고 잔소리한다지 않는가.

『언제까지나 너를 사랑해』는 한 사람이 한 어머니의 아기로 태어나고, 어린 시절을 보내고, 청소년이 되고, 결혼을 하고, 아이를 낳아 기르고, 다시 그 어머니만 한 나이가 되어 가는 여정을 따라가면서 그 삶이 바뀔 때마다 어떤 일이 있어도 나는 너를 사랑한다는 어머니의 마음을 보여 준다.

『아기 쥐가 잠자러 가요』(박정완 글·그림, 시공주니어)도 따스한 어머니의 사랑을 느끼게 해 주는 자장가 같은 책이다. '우리 아기가 잠자러 가요. 자장자장 자장자장. 아기 곰도, 아기 토끼도 모두 잠자러 가요. 자장자장 자장자장. ~온 세상이 쌔근쌔근 쌔근쌔근. ~온 세상도 자장자장 자장자장.'으로 흘러

가는 노래는 우리 조상들이 수천 년 불러온 자장가를 바탕으로 구성한 새로운 자장가라고 할 수 있겠다.

그런가 하면 『아기별』(김근희·이담 글·그림, 휴먼 어린이)은 태어남의 신비에 대한 새로운 이야기라고 할 수 있다. 내가 어디서 어디로 어떻게 와서 태어났는가에 대한 경이로움을 일깨워 준다. 과학 지식 때문에 잃어버린 탄생 신화를 되찾아 준다. "엄마 엄마 나 어떻게 태어났어?"라고 묻는 어린 아기한테 남녀 생식기를 그려 놓고 과학 지식으로 설명하는 책보다 아이를 무릎에 앉히고 이 책을 읽어 주는 것이 훨씬 좋겠다고 생각한다.

사랑해 엄마!   /   사랑해 아빠!   /   사랑해 우리 아기

책을 한 장 한 장 넘기고, 마지막에 불러 주는 이 세 마디가 어린 아이들의 몸과 마음을 한없이 따스하고 부드럽게 감싸 줄 것이다.

언제까지나 너를 사랑해
로버트 먼치 글 / 북뱅크

77

우정이 담긴 동화 1

"올해 4학년이 되는 딸이 있습니다. 한 학년을 올라가는 기념 선물로 책을 한 권 사 주고 싶은데, 어떤 책이 좋을까요?"

새 학년을 올라가는 기념으로 좋은 책을 한 권 선물할 줄 아는 부모의 자녀라면 평소 독서 습관이 좋을 것 같다. 따라서 새 학년을 맞이하는 기념 선물로 학습이나 지식에 관련된 책보다는 생각의 폭을 넓힐 수 있는 동화책을 권하고 싶다.

4학년의 행동 발달 특성 중 하나가 '갱 에이지'다. 곧 또래 집단을 만들고 그 집단에 내재한 약속에 따라 행동하고 싶어 한다. 곧 학급 안에서 자기들끼리만 인정하는 어떤 조건을 기준으로 배타적인 모임을 만들기 좋아한다. 이런 과정에서 자칫 다른 친구들을 따돌리거나 따돌림을 당하게 된다. 4학년을 담임했을 때 그런 모임이 한 달 정도를 주기로 만들어지고 해체되고 다시 만들어지는 경우를 보았다. 이런 현상은 남자 어린이보다 여자 어린이들이 더 강하다.

이 때문에 학급 친구들끼리의 우정이 중요하다는 것을 느끼게 할 수 있거나 학급에서 따돌림을 당하는 어린이가 얼마나 힘들어 하는가를 가슴 아프게 보여 줄 수 있는 동화를 권하고 싶다. 요즘은 이런 집단 따돌림 현상이 이미 2~3학년부터 생기는 경우도 있으며, 고학년이 되면서 더욱 심각한 경우가 나타나고 있다.

2학년 어린이한테는 화장실 갈 때마다 친구들한테 놀림을 당하던 종민이가 갈등을 극복하는 과정이 담긴 『짜장 짬뽕 탕수육』(김영주 글, 고경숙 그림, 재미마주), 3학년 어린이한테는 집단 따돌림에 시달리던 영대와 학급 어린이들이 친구가 되는 『내 짝꿍 최영대』(채인선 글, 정순희 그림, 재미마주), 4~6학년 어린이한테는 자신과 이웃을 살펴보는 눈으로 학급 친구들과 우정을 쌓아 나가는 『제닝스는 꼴찌가 아니야』(앤터니 버커리지 글, 최정인 그림, 햇살과나무꾼 옮김, 사계절), 『휠체어를 타는 친구』(졸프리드 뤽 글, 김라합 옮김, 보리), 『말박사 고장수』(곽옥미 글, 김유대 그림, 시공주니어) 같은 책을 권하고 싶다.

집단 따돌림은 따돌림을 받는 어린이는 물론 따돌리는 어린이들의 마음에도 상처를 줄 수 있다. 따라서 새 학년 초기는 어린이들이 올바른 또래집단 문화를 만들도록 학부모와 교사가 특히 주의해야 할 때다. 이런 때에 좋은 동화책 한 권이 예방 주사가 될 수도 있다.

짜장 짬뽕 탕수육
김영주 글 / 재미마주

78

우정이 담긴 동화 2-왕따 이야기

『까마귀 소년』(야시마 타로 글·그림, 윤구병 옮김, 비룡소)은 소심하고 겁 많은 아이가 왕따를 당하다가 자신을 이해해 주는 선생님을 만나면서 자신을 표현할 줄 아는 아이로 변해 가는 이야기다. 서로에 대한 이해와 관심이 필요함을 전해 주는 그림책이다. 일본의 문화가 담긴 책이라 이해하는 데 쉽지 않은 점이 있지만 내용을 상쇄시킬 만큼은 아니다.

『까막눈 삼디기』(원유순 글, 이현미 그림, 웅진주니어)는 가정환경 때문에 학교생활에 적응 못하는 삼덕이가 친구에게 따돌림만 당하다가 전학 온 짝의 도움으로 학교생활에 적응해 나가는 이야기다. 엄삼덕은 까막눈 삼디기라고 불린다. 나이 많은 할머니와 단 둘이 사는 삼덕이는 유치원도 가지 못했다. 2학년이 다 되도록 글을 몰라 아이들은 삼덕이를 까막눈 삼디기라 놀린다. 삼덕이는 점점 친구들과 어울리지 못하고 심술만 부리게 된다. 그러던 삼덕이가 시골에서 전학 왔다고 놀림을 받는 보라와 짝이 되면서 보라의 도움으로 책을 읽을 수 있는 용기를 얻게 된다. 학교생활을 시작하는 1~2학년에게 권해 줄 수 있는 책이다.

『양파의 왕따 일기 1, 2』(문선이 글, 박철민 그림, 파랑새어린이)는 3~4학년 또래 여자아이들의 심리를 잘 그리고 있는 책이다. 인기가 많은 친구와 친해지고 싶은 마음, 모임을 만들어 자기들만의 비밀을 간직하고 싶은 마음이 다른 아이들을 미워하게 만들고 다툼의 불씨가 된다. 주인공 정화는 왕따를 당하지 않기 위해 친구를 왕따 시키게 되지만 잘못된 마음임을 깨닫고 친구들과 어긋

난 문제들을 해결하기 위해 노력한다.

『왕따 선생님 구출 작전』(김하늬 글, 허구 그림, 채우리)은 5~6학년 아이들에게 권해 줄 만한 책이다. 선생님과 왕따 아이들이 서로의 상처를 보듬으며 마음의 상처를 치유하는 과정을 담은 이야기다. 담임 선생님의 출산으로 3개월 기간제 선생님이 오신다. 이름은 김꼭지. 학교 선배들에게 왕따를 당하는 완두와 명국이는 기간제 선생님도 학교에서 왕따라는 걸 알게 된다. 아이들은 선생님에게도 마음의 상처가 있는 걸 알고 선생님에게 더 다가가게 된다.

『따로 또 삼총사』(김양미 글, 오승민 그림, 창비)는 학교와 집에서 항상 외로운 은우가 새로운 친구들과 함께 따로 또 같이 추억을 만들며 지난 과거로부터 자유로워진다는 이야기다. 엄마의 죽음을 인정하지 못하는 아빠와 어긋나기만 하는 시간들을 보내게 되는 은우는 새로운 친구들을 만나 그간의 상처를 치유받게 되면서 아빠를 이해하는 힘이 생기게 된다.

까막눈 삼디기
원유순 글 / 웅진주니어

79

비밀 이야기가 담긴 동화

어린이들도 남에게 이야기하고 싶지 않은 비밀이 생길 때가 있다. 이성 친구를 좋아하거나, 물건을 훔쳤다거나, 가족 비밀 이야기나 내 몸의 비밀들이 그렇다. 그런데 어린이들은 자신의 비밀을 혼자 해결하려고 한다. 어린이들이 자신과 같은 비밀을 가지고 있는 동화 속 주인공을 만나서 올바른 해결 방법을 찾는 것이 좋겠다.

『들키고 싶은 비밀』(황선미 글, 김유대 그림, 창비)에 나오는 은결이는 맞벌이 부모님 밑에서 자라는 아이다. 은결이는 아무도 없는 날 찬장에 숨겨 놓은 엄마 지갑에서 돈을 훔쳐 내다 유리 조각을 밟아 발이 퉁퉁 붓게 된다. 아픔을 견디며 가슴을 졸이는 은결이는 차라리 엄마에게 들켜서 몸과 마음이 가벼워지기를 바란다.

『감추고 싶은 비밀』(김태광 글, 전복순 그림, 그린북)은 초등학교 4학년 자존심 강한 여학생인 소희의 이야기다. 소희는 넉넉지 않은 가정 형편과 얼굴에 화상 흉터가 있는 엄마를 감추고 싶어 친구 사귀기를 두려워한다. 소희는 비밀을 알아 가게 되고 부모님의 사랑과 상대를 배려하는 마음을 알게 된다.

『비밀이 생겼어요』(이현 글, 민은경 그림, 채우리)는 민혜가 준이를 짝사랑하는 설레는 마음이 사랑스럽게 담겨져 있다. 또래 어린이들의 이성에 대한 생각을 엿볼 수 있으며 주변 생활 속에서 일어날 수 있는 친근한 이야기들이 책을 읽는 동안 재미를 더한다.

어린이가 자신의 비밀을 얘기했을 때 어린이와 같은 비밀을 가지고 있는 책

을 함께 읽어 보면 어린이를 이해하는 데 도움이 될 것이라 생각한다. 어린이
가 스스로 해결할 수 있는 문제들은 혼자 해결할 수 있는 힘을 길러 주고, 어른
들의 도움이 필요한 문제들은 함께 책을 읽으면서 고민하여 어린이가 비밀을
해결할 수 있도록 도와주기 위해 필요한 책이다.

　어린이에게도 숨기고 싶은 비밀이 있다는 걸 어른들이 존중해 주길 부탁한
다. 내 어릴 적 회상을 해 보면 지금 어린이들이 품고 있는 비밀들이 모여 추억
이 되고, 어른이 된 후 그 추억들을 꺼내 보는 시간이 참 소중하다는 것을 알고
있기에 어린이들의 비밀이 소중하게 다뤄지기를 바란다.

들키고 싶은 비밀
황선미 글 / 창비

80
인성 교육의 씨앗이 되는 동화

'요즘은 중학교 1학년이 제일 무섭다.'라는 말을 자주 듣는다. 초등학교를 벗어나 어엿한 청소년이 되는 시기라 자신들도 어깨에 힘이 들어갈 것이고 자신이 어른이 되었다는 착각을 할 수도 있을 것 같다. 착각이라고 말하기보다는 어렸을 때부터 감정을 스스로 조절할 수 있는 기회를 얻지 못한 건 아닐까 생각된다. 어릴 적부터 아이들에게 스스로 결정하고 해결할 수 있는 내면의 힘과 감정을 스스로 다스릴 수 있는 건강한 정신을 키워 주지 못한 건 아닐까? 한 발자국 물러나서 아이들이 스스로 문제 해결을 할 수 있도록 힘을 길러 주는 부모들의 지혜가 필요하다. 경험이 제일 좋은 공부이지만 모든 것을 경험할 수 없는 상황이니 제대로 된 독서 습관이 청소년 시기 인성 교육에 씨앗이 될 것이다.

초등학교 저학년이라면 『하느님 물건을 파는 참새』(이오덕 글, 김용철 그림, 고인돌)와 『놀고 싶다-1학년 일기 모음』(이영근 엮음, 윤지영 그림, 우리교육)을 권하고 싶다. 『하느님 물건을 파는 참새』는 이오덕 선생님이 쓴 '참새'라는 시를 그림책으로 예쁘게 꾸몄다. 자연을 함께 나누면서 착하게 살자는 마음이 잘 담겨 있는 책이다. 『놀고 싶다』는 1학년 어린이들이 쓴 일기를 모은 책인데, 여러 지역에 사는 아이들이 살아가는 모습과 그에 대한 솔직한 자기 느낌이나 생각이 잘 나타나 있다. 다른 아이들의 마음을 이해하고, 배려하는 마음을 길러 줄 수 있다.

고학년이라면 길벗어린이에서 어린이를 위한 심리라는 주제로 엮은 3권의 책(박현진 글, 윤정주 그림)을 권해 주고 싶다. 1편 『나 좀 내버려 둬!』는 어린이들이 느낄 수 있는 감정을 여덟 가지로 나누어, 사례가 담긴 이야기와 함께 감정을 조절할 수 있는 방법을 보여 준다. 2편 『왜 나만 미워해!』에서는 살면서 겪게 되는 갈등 속에 느낄 수 있는 감정들에 대해 알려 준다. 갈등의 원인이 무엇인지 파악하고 나를 자세히 들여다보는 연습을 배우게 된다. 3편 『대화가 필요해!』는 대화의 4단계를 알려 준다. 알려 준 대화법을 통해 가족과 친구들의 관계를 평화스럽게 만들어 주는 방법을 알려 준다. 어린이 상담을 하고 있는 저자의 경험을 바탕으로 쓴 책으로, 여러 가지 사례를 어린이들의 눈높이에 맞게 구성한 만화책이다.

왜 나만 미워해!
박현진 글 / 길벗어린이

81
공주병 백신

"저희 딸애가 초등학교 5학년에 올라가는데, 어려서부터 주로 공주가 나오는 동화만 좋아해요. 요즘도 서점에 가서 책을 사자고 하면 꼭 공주 이야기가 나오는 동화책만 사서 읽으니까 걱정이 됩니다."

이제 5학년에 올라가는 여자 어린이가 아직도 공주 이야기가 나오는 책만 골라서 본다면 문제가 될 만하다. 우선 독서 편식을 하니까 문제가 되고, 그 편식의 방향이 이 세상에서 자기만 잘나고 자기만 위해 주는 공주병 병균이 묻은 책을 좋아하니 탈이 날 수 있다.

공주병 유행은 공주병 연예인 흉내를 내면서 유행을 했고, 웃자는 장난 정도였다. 언론에서 그런 유행을 호들갑스럽게 다루기도 했다. 그런데 요즘은 공주병 증세가 정말 심각한 아이들이 늘어나고 있다. 공주 행세를 장난으로 하는 것이 아니라 교실에서조차 정말로 그런 생각으로 행동하는 경우를 본다.

누구나 자신을 소중하게 여기고, 특별한 개체로 생각하는 것은 좋다. 올바른 삶을 위해서도 꼭 필요하다. 그러나 자기는 남보다 우월하고 남들은 모두 자기를 위해서 존재해야 한다는 생각은 잘못된 생각이다. 이런 우월감은 열등감과 마찬가지로 인간성을 황폐하게 하고, 다른 사람한테 피해를 준다.

초·중·고 학생들 사이에 왕따 현상이 심각해진 원인으로 공주병을 부추기는 언론 매체와 사회 환경, 잘못된 가정교육 등 여러 가지를 꼽을 수 있다. 그 가운데 빼놓을 수 없는 요인이 공주병을 부추기는 유아 그림책, 동화, 청소년 대상 연애 소설들이다.

어려서부터 너무 화려한 서양 공주, 비현실적인 일본 공주가 등장하는 텔레비전 프로그램과 어린이 책에만 파묻히게 해서는 안 된다. 1, 2학년이라면『종이 봉지 공주』(로버트 문치 글, 마이클 마첸코 그림, 김태희 옮김, 비룡소)를 권한다. 씩씩한 공주가 주인공인 이 책은 왕자에게 선택당하는 삶이 아닌 스스로의 삶을 선택한다는 내용이다.『어린이를 위한 흑설공주 이야기』(노경실 외 글, 뜨인돌어린이)는 얼굴이 희고 가냘픈 공주가 아닌 검은 피부에 예쁘지 않은 공주가 주인공이다. 외모가 최고의 아름다움이 아니며, 누구나 서로 다른 아름다움을 갖고 있다는 것을 알려 준다. 이 책을 읽으면 비현실적인 공주에 대한 생각이 바뀌게 될 것이다. 5학년 정도면 여러 가지 문학을 골고루 읽을 수 있도록 도와줘야 한다.『하늘 끝 마을』(조성자 글, 김종도 그림, 아이세움)처럼 가난 속에서도 꿋꿋하게 살아가는 여자 주인공,『모모』(미하엘 엔데 글, 한미희 옮김, 비룡소)처럼 다른 사람을 위해 헌신할 수 있는 떠돌이 거지 공주(?),『숲 속 나라』(이원수 글, 김원희 그림, 웅진주니어)처럼 어린이들이 함께 일하면서 새로운 나라를 만드는 책들도 읽을 수 있도록 도와주면 좋겠다.

종이 봉지 공주
로버트 문치 글 / 비룡소

5장

좋은
동시 세계와
기타 좋은 책

82

어린이에게 좋은 동시를 1

"우리 반 아이들한테 시를 사랑하는 마음을 길러 주고 싶습니다. 어린이들한테 권하기 좋은 동시집을 추천해 주세요."

어린이들에게 좋은 시 한 편을 마음속에 간직하게 해 주고, 평생을 간직하고 싶은 시집 한 권, 좋아하는 시인 한 명을 만나게 해 줄 수 있다면 얼마나 좋을까? 그럴 수 있다면 우리 어린이들이 훨씬 더 따뜻하고 깨끗하고 여유 있는 마음으로 세상을 살아갈 수 있을 것이다.

그런데 아쉽게도 어린이를 위한 시집은 동화책에 견주어 볼 때 거의 팔리지 않는다고 한다. 그만큼 우리 어린이들이 시와 거리가 멀어져 있다고 할 수 있다. 실제로 좋은 시 한 편을 외우는 어린이가 많지 않다.

이렇게 된 데는 교과서에 실린 동시 수준이 어린이들한테 맞지 않고, 어린이들의 가슴에 와 닿지 않기 때문이다. 또 이런 동시를 저학년부터 무조건 외우라고 했기 때문에 학년이 올라갈수록 시 외우기를 싫어하게 되는 것이다.

시를 좋아하는 어린이로 자라게 하고 싶으면 시를 자주 읽어 주는 것이 좋다. 좋은 시를 골라서 아침 수업 시작 전이나 국어 시간을 시작하기 전, 또는 끝날 때를 정해서 하루에 한 편씩 읽어준다. 시를 감상하기 좋은 다양한 교육 영상 자료를 만들어서 활용해도 좋겠다.

시를 날마다 다른 것으로 할 필요는 없다. 경우에 따라서 그날 읽어 주고 싶은 시를 골라서 읽어 줘도 좋지만 좋은 시 한 편을 골라서 날마다 꾸준히 읽어 주는 게 좋다. 대개 일주일 정도 읽어 주면 나중에는 어린이들이 외워서 따

라 읽는다. 처음에는 그냥 읽어 주기만 하고, 아이들이 외워서 따라 읽기 시
작하면 시에 대한 이야기나 작가에 대한 이야기를 한두 마디씩 해 주면 어린
이들이 좋아한다.

좋은 동시집으로 『1학년 동시집-꽃이파리가 된 나비』, 『2학년 동시집-별
님 동무 고기 동무』, 『3학년 동시집-우주 자전거』, 『4학년 동시집-고구마 순
놓기』, 『5학년 동시집-엄마의 장바구니』, 『6학년 동시집-모래밭에 그리는
꿈』(이주영 엮음, 우리교육)을 권하고 싶다. 필자가 20여 년 동안 학급에서 동시
감상 지도를 했던 자료를 바탕으로 엮은 동시집이다. 3월부터 2월까지 주마다
한 편씩 권하는 동시를 배정하면서 계절과 기념일이나 명절을 고려하였고, 가
능한 많은 국내 작가들이 쓴 다양한 작품과 전래동요와 시조까지 한 권에 담아
내려고 노력한 동시집이다.

5학년 동시집-엄마의 장바구니
이주영 엮음 / 우리교육

83

어린이에게 좋은 동시를 2

어린이 문학 작가들 가운데 동시를 쓰는 작가들이 많다. 윤석중, 이원수, 윤동주, 윤복진처럼 우리 아이들에게 좋은 동시를 남긴 분들이 많기 때문에 동요·동시가 우리 어린이 문학에 좋은 전통으로 이어져 오고 있다.

『하느님 물건을 파는 참새』(이오덕 글, 김용철 그림, 고인돌)와 『감자를 먹으며』(이오덕 글, 신가영 그림, 낮은산)는 이오덕 동시를 그림책으로 만든 것이다. 『하느님 물건을 파는 참새』는 아침 햇살을 받으며 즐겁게 짹짹거리는 참새들이 하느님 물건을 팔고 있다. 온갖 잡동사니와 이슬과 풀잎과 하늘, 그리고 희망이라는 상품을 팔고 있는 것이다. 다시 쓸 수 있는 모든 잡동사니들이야말로 하느님이 가장 사랑하는 물건들일 거다. 『감자를 먹으며』는 감자 한 알을 먹으면서 그 맛과 냄새와 느낌과 함께 살아온 이야기를 잔잔하게 들려주는 이야기다. 글과 그림이 소박한 흙내음을 담뿍 담고 있다.

『동시 삼베치마』(권정생 글·그림, 문학동네어린이)는 권정생이 1964년에 직접 손으로 쓰고 그려서 묶어 놓은 동시집을 영인본(원본을 사진이나 기타 방법으로 복제한 인쇄물) 맛이 나도록 만든 동시집이다. 초등학교 6학년 때 쓴 동시부터 청년이 될 때까지 쓴 동시를 모은 것이다. 직접 엮은 것이고, 전체를 5부로 나누어 놓았다. 그리고 각각 '동무', '꽃가마', '삼베 치마', '다람쥐', '장길 바구니'라는 부제를 달아 놓았다. 각 부마다 직접 소박하게 그려 넣어서 꾸민 소박한 맛을 느낄 수 있다. '엄마처럼 인자한 마음', '선생님 말씀 꼭꼭 되씹으며 나대로의 생각을 할 줄 알아야겠어요.' 같은 구절에서 볼 수 있듯이 착하게 사는 사람다운 눈과 마음이 어떤 것인가를 보여 준다.

봄이면
골짜기 골짜기에 숨어 있다가
불처럼 일어나 피어나는 산벚꽃
산골 마을 빛깔꽃
산골 마을 아이들 마음꽃

임길택이 쓴 동시 '산골 아이 13' 가운데 한 구절이다. 그가 남긴 동시집이 몇 권 있다. 『똥 누고 가는 새』(임길택 글, 조동광 그림, 실천문학사), 『할아버지 요강』(임길택 글, 보리), 『산골 아이』(임길택 글, 강재훈 사진, 보리) 같은 동시집이다. 이 동시집을 펼치면 그가 살았던 삶과 그가 세상을 보는 마음이 보인다. 초등학교 교사로 살면서 만난 아이들, 그 아이들 곁에서 피고 지는 들꽃들, 그 들꽃 같은 아이들, 그 아이들을 품어 키우는 산과 강과 바람과 하늘, 그리고 날아가는 새들을 마음의 눈으로 붙잡아 쓴 동시들이다. 아이들을 만나는 사람, 아이들과 같이 살아가는 사람들이 어떤 눈과 마음으로 그들을 만나야 하는지를 돌아보게 한다.

이오덕, 권정생, 임길택의 동시집을 읽다 보면 그 마음들이 참 닮았다는 것을 느낄 수 있다. 이 세 사람은 어쩌면 이리도 세상을 같은 눈으로 보고 같은 마음으로 살아냈을까? 지금도 저 하늘 어디에선가 셋이 언덕에 누워 높은 하늘을 바라보며 바람 소리, 풀벌레 소리, 그리고 자연 속에서 뛰어노는 아이들의 웃음소리에 빙긋이 웃을 것 같다.

산골 아이

임길택 글 / 보리

84

어린이에게 좋은 동시를 3

어른들은 흔히 어린이들이 시를 좋아하지 않는다고 생각하는 듯하다. 또는 시는 감수성이 풍부한 아이들한테 어울리는 거라는 편견을 갖고 있는 것처럼 보이기도 한다. 그러나 어린이들한테 시를 꾸준히 읽어 주면 대부분 편하게 듣고, 좋아하고, 어느새 외우기도 하는 걸 보게 된다. 또 감수성이 부족한 어린이들일수록 시 맛을 느낄 수 있도록 해 주면 좋겠다. 몸에서 부족한 영양분이 있으면 채워 넣어 주어야 하듯이 감수성이 부족한 어린이들한테는 시를 맛볼 수 있는 기회를 더 주는 것이 마땅하다. 아이들의 감수성을 일깨워 줄 수 있는 동시집을 잘 골라서 자주 맛보게 한다면 세상을 느끼는 마음이 달라질 것이다.

감수성이란 밖에서 일어나는 일을 보고 자극을 받았을 때 마음에 일어나는 느낌이나 생각이다. 흔들리는 풀을 보고도 마음이 움직이고, 넘어지는 어린 아이를 보면 같이 넘어지는 마음이고, 홀딱 넘어가는 딱지를 보면 같이 넘어가는 마음이다. 곧 다른 생명이나 사람을 나처럼 생각하는 마음이 있어야만 일어날 수 있는 것이다. 시인들은 바로 그런 마음을 가진 사람들이다.

나비를 보다가,

한 장

한 장

나비가 넘겨주는

책을 본다.

『깜장 꽃』(김환영 글, 창비)에 실린 '나비'라는 동시다. 좋은 화가이면서 좋은
동시까지 쓰고 있는 김환영이 자아와 나비를 어떻게 하나로 느끼고 있는지를
볼 수 있다. 『벌에 쏘였다』(남호섭 글, 고찬규 그림, 창비)도 고라니, 구절초, 노을
을 보며 움직이는 마음을 잘 보여 주고 있다.

　동시집 가운데서 사람, 가까운 사람, 일하는 사람들한테 관심을 갖고 볼 수
있는 눈과 마음을 보여 주는 게 흔하지 않다. 그래서 더욱 『닳지 않는 손』(서
정홍 글, 윤봉선 그림, 우리교육)이 소중하다. 어머니, 아버지 보약, 어른이 되면,
아픈 병 다 가져간 외할머니, 닳지 않는 손……. 이처럼 식구들이나 동무들에
대한 관심이 많은 시인이다.

괭이와 호미도 닳는데
일하는 손은 왜 닳지 않을까요?

나무보다 쇠보다 강한
아버지, 어머니 손.

나무보다 쇠보다 강한 일하는 아버지와 어머니의 손을 마음에 담을 수 있는 어린이들이 이 땅에 가득 자라난다면, 우리 아이들이 살아갈 세상이 지금보다는 나아질 것이다.

깜장 꽃
김환영 글 / 창비

85

어린이에게 좋은 동시를 4

씨앗은 알고 있어요

어느 땅에서건   /   꿋꿋하게 뿌리내리는 법을

뿌리를 내려   /   힘차게 새싹을 틔우는 법을

『내가 미운 날』(오승강 글, 장경혜 그림, 보리)에 실린 동시 가운데서 '씨앗은 알고 있어요'라는 동시의 마지막 연이다. 오랫동안 초등학교 도움반 아이들을 가르치면서 만난 아이들에 대한 사랑과 믿음과 소망을 꼭꼭 눌러 쓴 동시들이다. 도움반이란 지적 장애나 장애 때문에 일반 학급에서 공부하기 어려운 아이들을 따로 가르치는 교실이다. 다른 사람들이 보기에는 바보 같은 아이들이고, 그래서 그 아이들을 가르치는 담임 선생님까지도 가끔 주변 사람들한테 바보 같다고 놀림 받기도 하는 현실을 넘어서는 마음이 가득 차 있다. 그리고 그 씨앗들이 이 땅에 꿋꿋하게 뿌리내리고 힘차게 새싹을 틔우기를 소망하고 있다.

『누가 더 놀랐을까』(도종환 글, 이은희 그림, 실천문학사)는 도종환 시인이 몸이 아픈 시기에 산속 작은 집에서 살면서 만난 작은 생명들에 대한 사랑과 믿음과 소망을 오롯이 담아낸 동시집이다. '접시꽃 당신'이나 '담쟁이'를 비롯해 수많은 사람들의 마음에 사랑과 믿음과 소망을 담아 주는 좋은 시를 쓴 시인이 작은 소리로 소곤소곤 아이들한테 들려주는 동시들 역시 그 못지않게 정겹다.

이리하여 어느 산골   /   가난한 총각 하나,
오소리 성화 받던   /   이 산골 저 산골을
평안히 마음 놓고   /   잘들 살게 하였네

위 시는 『산골총각』(백석 글, 오치근 그림, 산하)이라는 동화시 그림책 마지막 구절이다. 백석은 언어 미감을 잘 살려 낸 시로도 널리 알려져 있지만 어린이들을 위한 동화시라는 갈래를 만들어 낸 시인이기도 하다. 모두 12편을 썼는데, 『개구리네 한솥밥』(백석 글, 오치근 그림, 소년한길)을 비롯해 여러 가지가 그림책으로 나와 있다. 모두 어린이들에 대한 사랑과 믿음과 소망이 넘치는 동화시다. 어린이들이 살아갈 새로운 세상을 뛰어난 언어 감각과 정감 어린 운율로 잘 표현해서 어린이부터 어른까지 읽고 생각하기에 좋은 책이다. 백석이 처음 동화시란 영역을 개척한 뒤로 아직까지 백석을 넘어서는 동화시 작가가 나오지 않고 있어 아쉽다.

산골총각
백석 글 / 산하

86

어린이에게 좋은 동시를 5

제목만 봐도 슬그머니 웃음이 나오는 동시집이 있다. 『똥 찾아가세요』(권오삼 글, 오정택 그림, 문학동네어린이), 『콩, 너는 죽었다』(김용택 글, 박건웅 그림, 실천문학사), 『고양이의 탄생』(이안 글, 김세현 그림, 문학동네어린이) 같은 동시집들이다. 어린이들은 동시와 놀아야 한다. 부담 없이 읽고 즐기면서 놀 수 있는, 그 가운데 새로운 마음과 생각에 눈을 뜨게 하는 동시들하고 많이 놀면 좋겠다.

꽃 / 싱싱할 땐 / 꽃바구니
꽃 / 시들면 / 쓰레기바구니

『똥 찾아가세요』에 실린 동시 '꽃바구니'의 전문이다. 꽃이 싱싱할 때와 시들었을 때를 슬쩍 견주면서 한 가지 사물에 대한 언어가 바뀌는 모습을 보여 준다. 생활 속에서 누구나 흔히 보는 모습인데, 다 아는 이야기인데, 말놀이 같은데, 읽고 나면 마음이 풍요로워진다.

콩들이 마당으로 콩콩 뛰어나와 / 또르르또르르 굴러간다
콩 잡아라 콩 잡아라 / 굴러가는 저 콩 잡아라

『콩, 너는 죽었다』의 표제시인 '콩, 너는 죽었다'의 가운데 부분이다. 길어서 일부만 싣기도 했지만, 나는 이 시에서 이 부분이 제일 좋다. 이 부분을 흥

얼거리다 보면 마치 내 마음이 콩을 따라 굴러가는 느낌이다. 그러다 마지막에 '콩, 너는 죽었다'를 읽는 순간 생각이 팍 트이는 느낌이 든다.

어떤날은마당에버려둔막대기가기어가기도합니다

『고양이의 탄생』을 펼치면 처음 만나는 '뱀'이라는 동시다. '뱀 1'부터 '뱀 18'까지 연작으로 이어 쓴 동시다. 낱말을 하나도 띄어 쓰지 않고 뱀처럼 주욱 이어 붙였다. 그리고 책에서는 빨간 길 위를 따라서 구불텅구불텅 기어가는 모습으로 써 놓았다. 18가지 그림과 글을 따라 읽다 보면 어릴 때 빗물에 가득 젖은 마당에서 뱀을 갖고 놀던 생각이 떠오른다. 막대기로 건드리면 구불텅거리면서 이리 가고 저리 가고, 그러다 힘이 빠진 듯 '힘들어 죽겠다 네 마음대로 해라'는 배짱을 부리듯이 막대기처럼 길게 엎드려 있던 굵은 지팡이만 한 능구렁이가 책 속에 들어가 놀고 있는 것 같다.

똥 찾아가세요
권오삼 글 / 문학동네어린이

87
어린이는 모두 시인이다 1

어른이 어린이들한테 어떤 마음이나 생각을 전해 주고 싶어서 쓴 시를 보통 동시라고 부른다. 또 어린이들이 직접 자기가 보고 듣고 느끼고 생각한 것을 쓰는 시를 어린이 시라고 한다.

전국 여러 지역의 어린이들이 쓴 시를 모은 책으로는 『새들은 시험 안 봐서 좋겠구나』(한국글쓰기교육연구회 엮음, 보리), 『내 손은 물방울 놀이터』(이주영 엮음, 오동 그림, 우리교육), 『맨날 내만 갖고 그런다』(이주영 엮음, 이효실 그림, 우리교육)가 있다. 앞의 책은 한국글쓰기교육연구회 회원들이 지도한 학급 어린이들이 쓴 시 가운데서 함께 읽기에 좋은 시를 모은 것이고, 뒤의 책 두 권은 2001년부터 2010년까지 월간 《우리교육》에서 주최한 학급문집 공모전에 보내 온 문집에서 좋은 어린이 시를 골라서 엮은 것이다.

비눈   김정윤

비처럼 눈이
주룩주룩 내린다.

하늘에서
팥빙수 기계로 얼음을
갈고 있나 보다.   - 『내 손은 물방울 놀이터』, 21쪽 -

시험   정사랑

시험을 봤다 / 잘 못 봤는데 / 재미있었다.
그래도 남에 껀 / 안 봤다.

– 『맨날 내만 갖고 그런다』, 147쪽 –

  어린이들이 자기 눈으로 직접 본 세상, 자기가 직접 겪은 일을 솔직하게 토해 내는 글들이다. 어른이 쓴 동시처럼 세련되거나 멋있게 꾸민 맛은 없다. 오히려 꾸밈이 없이 어린이의 마음과 생각이 담겨 있어 좋다.

맨날 내만 갖고 그런다
이주영 엮음 / 우리교육

88

어린이는 모두 시인이다 2

이오덕은 어린이는 모두 시인이라고 했다. 어린이는 모두 시를 쓸 수 있다고도 했다. 그리고 어른들은 어린이들이 그러한 어린이 마음을 지키고 가꾸며 살 수 있도록 해 주어야 한다고 했다. 집에서는 부모가, 학교에서는 교사가 그 일을 해야 한다고 하였다. 그 스스로 평생 초등학교에서 어린이들이 시를 쓰면서 삶을 가꿀 수 있는 교육을 하기 위해 온 힘을 다했다.

『일하는 아이들』(이오덕 엮음, 보리)이 처음 책으로 나온 건 1978년이다. 1952년부터 1977년까지 35년 동안 가르친 아이들이 쓴 시에서 272편을 골라서 엮은 것이다. 당시 이 책을 읽은 교사들은 깜짝 놀랐다. 그때까지 교육청이나 신문사를 비롯한 각종 사회단체에서 뽑아서 발표했던 아이들이 쓴 시하고 너무나 달랐기 때문이다. 어른 시인들도 깜짝 놀랐다. 아이들의 마음과 생각이 살아서 움직이는 시였기 때문이다. 어떤 유명 시인은 이 어린이 시집을 읽고, 나는 이제 시를 쓰지 못하겠다고 말하기도 했다. 아이들이 쓴 시를 보니 그 진실성에서 자기가 그동안 쓴 시가 도저히 따라갈 수 없다는 것이다.

이 시집은 1980년대 수많은 젊은 교사들이 학교 현장에서 어린이들을 참되게 만나는 길을 찾아갈 수 있도록 영감을 주었다. 그리고 참된 교사가 되는 길을 가르쳐 주었다. 이 책은 어린이한테 시를 가르치고 싶은 교사들이 가장 먼저 읽어야 하는 어린이 시집으로 자리매김되고 있다. 어린이 시를 맛보고 싶은 어린이나 부모들 역시 이 시집을 먼저 읽어 보기를 권한다.

수양버드나무가   /   말랑말랑합니다
까치꽁대기가   /   꼼짝꼼짝합니다

『허수아비도 깍꿀로 덕새를 넘고』(이오덕 엮음, 보리) 62쪽에 실린 김오원 어린이가 쓴 '까치'라는 시다. 수양버드나무 가지, 까치가 꽁지를 움직이는 모습을 눈에 보이듯 써 놓았다. 이 시는 나중에 백창우가 노래로 만들었다. 1962년부터 1964년 가을까지 2년 반 동안 경상북도 상주시 청리초등학교에서 가르친 아이들이 쓴 시를 엮은 시집이다. 당시 2학년부터 4학년까지 세 학년에 걸쳐 가르친 아이들이 쓴 시를 고스란히 모아서 엮었다. 한 시집 안에서 한 어린이의 시가 어떻게 발전하고 있는지, 어린이들의 삶과 그 삶을 겪는 마음을 어떻게 표현하고 있는지, 풀과 나무와 꽃과 같은 자연을 어떤 눈으로 보면서 성장하는지를 볼 수 있다. 무엇보다 어린이들이 쓴 깨끗하고 진솔한 말을 만날 수 있다.

허수아비도 깍꿀로 덕새를 넘고
이오덕 엮음 / 보리

89

어린이는 모두 시인이다 3

1983년 한국글쓰기교육연구회가 결성되었다. 이오덕 선생님이 현장에서 연구하고 실천한 삶을 가꾸는 글쓰기 교육을 함께 배우고 실천하기 위한 모임이었다. 『일하는 아이들』을 비롯한 책을 보면서 공부하고, 현장에서 직접 아이들을 가르치면서 실천한 사례를 발표하고 토론하면서 발전시켜 나갔다. 많은 회원 교사들이 현장에서 실천한 글쓰기 사례를 모아서 학급 문집을 만들었고, 그 가운데서는 책으로 출판되어서 호응을 얻기도 했다.

『요놈의 감홍시』(이호철 엮음, 보리)는 풀 한 포기, 개구리 한 마리, 참새 한 마리도 그냥 대충 보고 넘어가지 않는 아이들의 눈을 볼 수 있는 시집이다. 조그맣고 쓸모없는 것, 힘없고 불쌍한 사람들을 따뜻하게 감싸 안아 주는 시도 있다. 시는 머리로 지어내는 것이 아니라 내 가까이에 있는 자연의 모습이나, 나와 내 둘레 사람들의 삶에서 보고 듣고 겪으면서 새롭게 느끼는 것들을 붙잡아 써야 한다는 것을 잘 보여 주는 본보기가 될 수 있다.

『꼴찌도 상이 많아야 한다』(임길택 엮음, 정지윤 그림, 보리), 『개구리랑 같이 학교로 갔다』(이승희 엮음, 보리), 『까만 손』(탁동철 엮음, 보리), 『엄마의 런닝구』(한국글쓰기교육연구회 엮음, 정승각 그림, 보리), 『아버지 얼굴 예쁘네요』(이주영 엮음, 온누리), 『새들은 시험 안 봐서 좋겠구나』(한국글쓰기교육연구회 엮음, 보리)를 비롯해 한국글쓰기교육연구회 회원들이 가르친 어린이들이 쓴 시집들이 꾸준히 나오고 있다. 1980년대, 1990년대, 2000년대까지 꾸준히 나오고 있기 때문에 어린이들의 말과 글, 그리고 삶과 생활환경이 어떻게 바뀌고 있는지를 엿볼 수 있다. 그리고 어느 시대에서나 진솔한 어린이 마음을 지키면서 사람다운 삶을 지키고 가꾸기 위해 노력하는 마음이 담긴 어린이 시를 만날 수 있다.

가장 최근에 나온 어린이 시집으로는 『샬그락 샬그란 샬샬』(이무완 엮음, 보리)이 있다. 강원도 삼척시 서부초등학교 2학년 초록반 아이들이 봄부터 겨울까지 쓴 글 가운데서 골라 엮은 것이다. 따로 시라고 생각하고 쓴 글이라기보다 2학년 아이들이 생활하면서 보고 듣고 겪은 일을 쓴 것 가운데서 담임 선생님이 보기에 '아, 이건 좋은 시가 되겠구나' 싶은 글을 가려 뽑았다고 한다. 이 말은 초등학교 저학년 아이들에게는 시나 산문을 구별해서 가르치는 것보다는 그냥 자기가 자세히 보고 듣고 겪은 일을 쓰고 싶은 대로 쓰도록 했고, 그 가운데서 시라고 볼 수 있는 글을 가려냈다는 것이다.

내 손은 그림도 그리고 글도 쓰고 가위바위보도 하고 연필도 쥐고 지우개도 쥐고 세상에 하나뿐인 내 손.　　　-최승민-

내 손은 작다. 다른 친구들 손은 큰데 내 손은 왜 작을까. 나는 손가락은 작지만 낮은 도에서 높은 도까지 쫙 벌어진다.　　　-황서영-

내 손을 보고 쓴 글이 여러 편 실렸는데, 하나같이 다 다르다. 그리고 시처럼 연과 행을 나눠 쓰기도 했지만 이처럼 죽 늘여서 쓴 글도 있다. 그런데 읽어 보면 시 눈이 보인다. 시 눈이란 시를 쓴 어린이가 스스로 마음으로 느끼거나 새롭게 생각한 부분이다. 황서영 어린이가 쓴 글에서 '낮은 도에서 높은 도까지' 같은 부분이다. 한국글쓰기교육연구회 교사들이 가르치는 어린이 시도 지도교사에 따라 다양하게 발전하고 있다.

샬그락 샬그란 샬샬
이무완 엮음 / 보리

유치원 어린이들 말에서 나온 마주이야기 시

한국글쓰기교육연구회 회원 가운데 유치원 교사들도 있다. 마주이야기는 한국글쓰기교육연구회 회원인 서울 방배동에 있는 아람유치원 박문희 원장이 삶을 가꾸는 글쓰기 교육을 유치원에 맞게 연구하고 실천한 결과 태어났다. 어린이들이 하고 싶은 말을 마음껏 하도록 하고, 그 말을 어른들이 귀담아 들어주고, 들은 이야기를 글로 써 주고, 어린이들이 그 글을 발표하고, 그 발표를 듣고 나서 서로 이야기를 나누었다. 아이들이 마음껏 말하고 글을 쓰는 길이 그 마음을 지키고 생명을 키우는 길이라고 믿기 때문이다. 그 마주이야기 가운데서 '이건 시라고 할 수 있겠네?' 싶은 마음으로 가려 뽑아서 '마주이야기 시'라는 책을 냈다.

『침 튀기지 마세요』(박문희 엮음, 이오덕 풀이, 고슴도치), 『튀겨질 뻔했어요』(박문희 엮음, 이오덕 풀이, 고슴도치), 『난 때리는 손 없어』(박문희 엮음, 이오덕 감수, 보리), 『나는 다 믿어요』(박문희 엮음, 이오덕 감수, 보리), 『엉덩이에 뿔 안 나드라요』(박문희 엮음, 이오덕 감수, 보리) 같은 책들이다. 뒤에 세 권은 이오덕 선생님이 마주이야기 시를 한 편 한 편 살펴 읽고, 어떤 마음으로 어떻게 보았는지를 각 부마다 풀이해 놓았다.

국 조민정

왜 국에다 밥 말았어?

싫단 말이야.
이제부터 나한테 물어 보고
국에 말아줘.
꼭 그래야 돼.

엉덩이에 뿔 안 나드라요   조아라

엄마!
신아 언니가 그러는데
울다가 웃으면
엉덩이에 뿔 난다고 했어요.
그런데요 엄마!
울다가 웃어 봤는데
엉덩이에 뿔 안 나드라요.

　유치원 어린이들이 어른들한테 하고 싶은 말, 무엇을 해 보고 새롭게 알게
된 말, 마음에 꼭꼭 담아 놓았던 말, 하늘이나 바람이나 나무나 새나 풀이나 작

은 벌레들을 보고 느낀 말들이 웃음을 자아내게 한다. '유치원 어린이들은 이렇게 생각하는구나, 이런 마음과 눈으로 세상을 보는구나.' 그 마음을 읽을 수 있다. 아이들도 마주이야기를 통해 자기를 돌아보게 된다.

침 튀기지 마세요
박문희 엮음 / 고슴도치

91
전래 동요를 담은 책

"학급 어린이들한테 전래 동요를 지도하고 싶은데, 어떤 책이 좋은가요?"

전래 동요는 옛날부터 어린이들이 생활하면서 자연스럽게 흥얼거린 노랫말이다. 따라서 시대가 흐름에 따라 끊임없이 거듭나면서 민족의 정서를 담아냈고, 사람과 자연이 어우러지는 삶을 보여 주고 있다. 오늘 우리 어린이들이 전래 동요를 읽고 불러야 할 까닭이 여기에 있다.

전래 동요를 어린이들이 읽기 좋게 엮은 책으로 『한국 전래 동요집 1, 2』(신경림 엮음, 창비)가 있다. 각 350여 편씩 약 700여 편의 전래동요를 일하면서 부르던 노래, 나무·풀·꽃을 노래하고, 나물을 캐거나 신나게 놀면서 부르던 노래, 우스개로 부르던 노래, 아기를 재우거나 달래면서 부르던 자장노래들로 나눠서 실었다. 지역도 남·북한 전 지역에 걸쳐 골라냈다. 전래 동요를 지도하는 기초 자료집으로 삼을 만한 책이다.

최근에 발행한 조금 더 정선한 전래 동요집으로 『가자가자 감나무』, 『동무 동무 씨동무』(편해문 글, 박향미 그림, 창비)가 있다. 민요를 깊게 연구한 저자가 직접 채록하고, 어린이들이 노래와 몸짓을 함께할 수 있는 전래 동요들을 심혈을 기울여 골랐다. 아이들이 전래 동요를 부르며 함께 어우러져 신명 나게 노는 모습을 보여 주는 그림도 돋보인다. 직접 들을 수 있는 CD가 있어 따라 부르며 놀 수 있다.

노래를 직접 따라 부를 수 있게 가사, 악보, 노래 테이프와 CD를 포함해 한 권의 책으로 펴낸 『새로 다듬고 엮은 전래 동요』(백창우 엮음, 보림)도 전래 동요를 지도하고 싶은 교사와 학부모에게 꼭 권하고 싶다. 우리 어린이들의 노래 문화를 가꾸는 데 앞장서고 있는 가수 백창우가 채보하고, 요즘 어린이들의 감성을 고려하여 재창작한 44곡의 정겨운 동요를 만날 수 있기 때문이다. 전래 동요는 아니지만 〈고향의 봄〉, 〈겨울나무〉와 같은 노래 가사로 널리 알려진 이원수 동요·동시에 백창우가 온 정성으로 곡을 붙인 『이원수 시에 붙인 노래들』(이원수 글, 백창우 작곡, 보림), 『노래처럼 살고 싶어―이오덕 노래상자』, 『바보처럼 착하게 서 있는 우리 집―권정생 노래상자』, 『나무 꼭대기 까치네 집―임길택 노래상자』(이오덕/권정생/임길택 글, 백창우 작곡, 보리)에 실린 동요들도 그 느낌이나 정서가 현대판 전래 동요라고 할 수 있다.

전래 동요는 옛날 노랫말이나 곡을 무조건 똑같이 따라 부르라고 강요할 필요가 없다. 전래 동요의 생명 자체가 끊임없는 창조에 있기 때문이다. 어린이들이 이를 바탕으로 오늘의 삶을 담아내고 내일을 여는 꿈을 그려 낼 수 있도록 이끌어 주어야 하겠다.

가자가자 감나무
편해문 글 / 창비

92

어린이에게 어린이가 쓴 일기를

"어린이들한테 일기 쓰기 지도를 하고 싶습니다. 도움이 될 만한 책을 소개해 주세요."

일기 쓰기는 옛날이나 지금이나 중요한 교육 방법이다. 자신의 생활을 날마다 되돌아보고, 무엇을 어떻게 보고 느끼고 생각했는지를 글로 정리하는 일이기 때문이다. 그래서 학교에서는 일기 쓰기를 강조하고 있다.

그런데 아쉽게도 우리나라 사람들은 학교 다닐 동안은 일기를 쓰다가 졸업하면 더 이상 쓰지 않는다. 바쁜 생활에 쫓기다 보니 일기 쓸 시간이 없다고 하지만, 사실은 일기 쓰는 즐거움을 모르기 때문이다. 즐겁기는커녕 대부분 지겨운 기억만 남는 것이 일기 쓰기다. 숙제처럼 검사받기 위하여, 교사 눈에 잘 보이기 위하여, 언제 볼지 모르는 부모 눈을 의식하면서 쓰기 때문이다. 이렇게 반강제로 쓰는 일기는 참 일기가 아니다.

진짜 일기는 자신이 생활하면서 겪은 일들에 대한 마음을 솔직하게 쓸 수 있어야 하는 것이다. 솔직하게 쓸 수 있어야 비로소 교육 방법으로 가치가 인정되는 것이다. 어린이들이 자신의 생활 경험을 진솔하게 풀어 담은 일기를 쓰게 하려면, 그렇게 쓴 일기를 보여 주는 것이 가장 좋은 방법이다. 일기를 솔직하게 쓰라는 백 마디보다 정말 자기 생활 경험을 솔직하게 쓴 글 한 편을 읽는 것이 중요하다.

1~2학년 어린이가 쓴 일기 글을 담은 책으로 『내가 처음 쓴 일기』(윤태규 엮음, 김성민 그림, 보리), 『아무도 내 이름을 안 불러줘』(한국글쓰기연구회 엮음, 보

리)가 있다. 『내가 처음 쓴 일기』는 윤태규 선생님이 1학년을 담임하면서 일기를 지도했던 이야기와 어린이 글, 어린이가 쓴 글에 대한 설명이 있어 어른도 볼 만하다.

1~2학년한테는 1학년 일기만 모아 놓은 『이빨 뺀 날』(이영근 엮음, 경하 그림, 우리교육), 3~6학년에게는 임길택 선생님의 학급 아이들 문집에서 뽑아 실은 『지금쯤 몽실 언니도 잘 거야』(초등학생 73명 글, 임길택 엮음, 이광익 그림, 보리), 여러 지역 어린이들의 일기에서 골라 실은 『비교는 싫어!』(이영근 엮음, 박지은 그림, 우리교육)를 권하고 싶다.

우리나라 어린이 모두가 이렇게 진솔하고 솔직하게 쓴 다른 어린이들의 일기를 읽으면서 스스로의 마음이 열리고, 일기 쓰는 즐거움을 맛볼 수 있으면 좋겠다.

아무도 내 이름을 안 불러줘
한국글쓰기연구회 엮음 / 보리

93

미술 교육에 관한 책

"초등학교 미술 전담 교사입니다. 어린이들이 미술을 이해하는 데 도움을 줄 수 있는 책이 필요합니다."

아마 아이들이 미술을 좀 더 쉽게 이해하거나 체험해 보고 싶도록 하는 데 도움이 될 만한 미술 관련 책을 찾고 있는 듯했다. 이런 의미에서 아이들은 물론 교사 및 학부모들한테 꼭 한번 읽고 실천해 보라고 권하고 싶은 책이 『연필을 잡으면 그리고 싶어요』(이호철 지도, 덕산초등학교 5학년 1반 글·그림, 보리)다.

흔히 그림은 태어날 때부터 타고난 소질이 있는 사람이 따로 있다고 생각하기 쉬운데, 이 책은 그런 편견을 뒤집기에 충분한 증거물이다. 이 책에는 이호철 선생님이 지도한 자기 학급 어린이 모두의 작품이 실려 있고, 작품 모두가 잘 그린 그림이기 때문이다. 주위의 사물을 자세히 관찰하고 천천히 그린 세밀화들이 미술을 전공한 사람들의 기술을 뺨치고 있다. 그리기 교육은 물론 인성 교육의 기초가 무엇인지를 생각하게 해 주는 책이다.

최근 초등학교 미술 교육에서 감상뿐만 아니라 상상력의 중요성이 부각되고 있는데, 초등학교 어린이들의 미술 작품 감상 능력을 키워 주면서 작품에 대한 즐거운 상상력을 더할 수 있는 책으로 『느낌 있는 그림 이야기』(이주헌 글, 보림)를 학년에 관계없이 권하고 싶다. 이야기가 있는 이 책은 우리가 많이 본 그림을 놓고 작가의 상상력이 더해져 이야기가 펼쳐진다. 그림에 작가의 이야기를 더하니 그림 속 주인공들이 동화 속 주인공이 된 듯하다. 문 앞에 서 있는 그림의 주인공을 보며 "문 앞에서 누굴 기다리지?" 하고 상상을 할 수 있게 이끌어 준다. 상상을 더하여 보니 그림 감상이 즐거워진다. 『찾아라! 명화 속 숨은 그림』(장세현 글, 낮은산)은 명화 속에 숨어 있는 작은 그림이나 그림자를 찾으면서 그림을 자세히 볼 수 있도록 이끌어 주는 책이다. 아이들이 재미있게 명화 속으로 빠져들 수 있는 구성이 좋다. 초등학교 4학년 이상의 어린이와 청소년들이 미술을 이해하는 데 도움이 될 만한 책으로 널리 알려진 것으로는 『모네의 정원에서』(크리스티나 비외르크 글, 레나 안데르손 그림, 김석희 옮김, 미래사)가 있다. '모네의 꽃' 그림을 좋아하던 어린이가 할아버지와 파리에 있는 클로드 모네 기념관으로 여행을 가서 돌아보는 과정을 통해 모네의 일생과 그림의 특징을 이해하게 된다. 우리나라 그림을 알 수 있는 책은 『어린이를 위한 우리나라 대표 그림』(조정욱 글, 대교출판)을 권하고 싶다. 책 안에 삼국시대부터 조선시대까지 100여 편의 그림을 담았다. 큰 화면이 그림을 구석구석 살펴볼 수 있게 해 주며 확대한 그림과 함께 자세한 설명이 적혀 있어 그림을 감상하는 데 도움이 된다.

어린이를 위한 우리나라 대표 그림
조정욱 글 / 대교출판

94
아이들과 즐기는 건강 밥상

아이들이 지루해하지 않으면서 즐길 수 있는 것은 요리라고 본다. 초등학교 실과 시간에 만든 후 먹는 음식은 꿀맛이었다. 내가 직접 만들어서 먹는 음식이라 더 그렇다. 그러나 음식은 잘 먹으면 약이 되고 잘못 먹으면 독이 될 수도 있다. 패스트푸드 때문에 비만 어린이가 해가 갈수록 증가한다는 뉴스가 종종 나온다.

『땅땅이의 친환경 요리교실』(이상희 글, 김해진 그림, 북센스)은 제철 음식, 지구온난화, 정크 푸드, 설탕, 식품첨가물을 비롯해 모두 여덟 가지 주제로 구성되어 있다. 각 주제마다 어린이들이 스스로 먹을거리에 대해 생각하고 판단할 수 있도록 해 준다.

『열두 달 토끼밥상』[(맹물(김정현) 글, 명(구지현) 그림, 보리]은 어릴 때 아토피로 고생을 많이 한 지은이가 시골로 이사 가면서 천연 양념을 써서 요리를 해 먹은 뒤 몸이 건강해진 이야기를 요리와 함께 들려준다. 유기농 재료를 이용해 어린이가 쉽게 만들 수 있는 방법을 알려 주는 만화가 읽는 재미를 더한다. 직접 썰어 보고 다듬고 끓이는 과정을 경험하면서 편식도 고치게 되고 좋은 음식이 우리 몸을 살린다는 생각을 하게 해 준다.

우리나라 음식은 종류도 많고 지역별로 특색이 있다. 이 책은 음식에 얽힌 다양한 문화와 역사를 체험할 수 있다. 『팔도밥상 어린이 요리책』(심진미 글, 김미정 그림, 한겨레아이들)은 서울, 강원도, 충청도, 제주도를 비롯한 팔도 음식을 소개하고 있다. 어린이 수준에 맞춘 친절한 요리 방법에 음식 유래담, 영양 정보까지 담겨 있어 재미를 더한다. 각 지방 12개 요리를 만들고 맛보며 여러 지역의 음식 문화를 체험할 수 있으며 유명한 음식을 알게 되면서 우리나라 지리에도 자연스럽게 관심을 가질 수 있다.

　식구들이 함께 요리하는 시간을 가져보자. 아이들과 요리를 함께하는 것이 쉬운 일은 아니다. 이것저것 관심 갖는 아이, 그래서 시간도 훨씬 더 오래 걸린다. 요리 후 잔뜩 어질러진 부엌을 생각하면 골치가 아프다. 하지만 요리를 하는 과정을 통해 아이들에게 주의력을 길러 주고 하나하나 체험할 수 있는 생동감 있는 교육이 된다. 요리가 끝난 후에는 어린이들과 부모님이 함께 청소하면서 정리하는 습관을 길러 줄 수 있다.

열두 달 토끼 밥상
맹물 글 / 보리

95

체험 학습 가기 전에 읽는 책

"4학년 아이와 함께 경주로 여행을 가려고 합니다. 가기 전에 읽어 보면 도움이 되는 책이 있나요?"

5일제 수업이 시작되면서 주말이면 부모님들은 아이들을 데리고 여행을 떠나거나 박물관, 미술관을 찾는 경우가 많다. 이럴 때는 가기 전 아이들과 목적지를 상의해서 가기 전날 미리 가는 곳의 정보를 살펴볼 수 있도록 하는 것이 좋다.

'아는 만큼 보인다.'라는 말처럼 미리 알아보고 가면 책과 실물을 견주어 보면서 더 자세하게 살펴볼 수 있게 되어 오랫동안 기억에 남게 된다. 우리가 많이 가는 강화도에 가기 전이라면 『아름다운 보물섬 강화도』(라현선 글, 제소라 그림, 파란자전거)라는 그림책을 보면 좋겠다. 작은 섬 곳곳에 우리의 역사와 유적지가 있는 강화도에 대한 설명이 그림과 함께 자세히 적혀 있다. 단군왕검이 하늘에 제사를 지내기 위해 마련했다는 참성대가 있는 마니산, 고구려 때 지은 전등사, 섬 전체가 역사책이다. 가는 동안 차 안에서 아이들과 어렵지 않게 볼 수 있는 책이다.

저학년 아이들과 함께 경주를 가기 전이라면 『경주—천 년의 이야기를 품은 땅』(김경화 글, 박승범 그림, 파란자전거) 그림책을 추천한다. 신라 건국 설화부터 유적지에 얽힌 전설을 그림과 함께 담고 있다. 전 학년 상대로 김영사 주니어에서 펴낸 '신나는 교과연계 체험 학습 박물관 시리즈'에는 교과서에 나오는 박물관과 유적지 100여 곳을 소개해 준다. 가는 곳을 선택하여 먼저 읽고 정보를 알아보는 데 도움이 된다.

『한국생활사박물관』(한국생활사박물관 편찬위원회 엮음, 사계절) 시리즈는 우리가 박물관에 가서 볼 수 있는 시대별 유물과 유적지를 소개하고 있다. 선사 시대부터 현대까지 총 12권인 책 안에는 사진과 글, 그림이 조화롭게 구성되어 있다. 세세한 그림과 함께 자세한 설명은 박물관을 그대로 옮겨 놓은 듯하여 박물관을 둘러보면서 놓친 부분을 확인할 수 있을 것이다. 실제로 아이들과 역사 공부를 하면서 유물에 대한 자세한 관찰과 설명이 필요할 때는 자주 펴 보던 책이다.

오랜만에 박물관 나들이를 온 엄마는 아이가 많은 것을 보고 배워 갔으면 하는 욕심이 앞서지만 아이들이 어찌 그런가? 떠나기 전 아이들과 살펴볼 유물 사진과 그림들을 보여 주고 집중적으로 관찰하게 하는 것이 더 효과적이라고 한다. 박물관에 도착한 후에는 유물을 보면서 "왜 저런 모양으로 만들었을까?", "색깔이 검은색이면 더 좋지 않았을까?" 같은 질문들을 던지면 아이들은 생각을 하게 되고 그 과정에서 더 오랫동안 기억을 할 수 있다고 한다.

경주-천 년의 이야기를 품은 땅
김경화 글 / 파란자전거

96

오래된 미래로 가는 길

1970년대 이후 우리나라는 급격한 산업화 과정에서 농촌 공동체가 파괴되었다. 농산물 가격이 생산비에도 못 미치고, 농사짓는 사람들을 무시하는 사회 풍조가 확산되었다. 그 결과 이제 우리는 식량 자급 능력이 20%도 안 되는 나라가 되었다. 지구촌 인구는 빠른 속도로 늘어나고 있고, 물과 식량이 가장 무서운 무기가 될 날 역시 빠른 속도로 다가오고 있다. 그러니 우리 후손들을 위해서라도 농업을 되살려야 한다.

이러한 마음을 담아서 쓴 작품으로 『랑랑별 때때롱』(권정생 글, 정승희 그림, 보리), 『산골 아이 나더덕』(원유순 글, 이지선 그림, 웅진주니어), 『아파트 옆 작은 논』(김남중 글, 김병하 그림, 박광래 감수, 창비)을 추천하고 싶다. 이 책들은 작은 소리로 조근조근 농사지으면서 살아가는 삶을 소박하고 담담하게 이야기하고 있다.

『랑랑별 때때롱』은 어린이 잡지 《개똥이네 놀이터》에 2년 동안 연재되었던 동화다. 지구별에 사는 새달이와 마달이, 지구별에서 천 년 뒤 세상인 랑랑별에 사는 때때롱과 매매롱이 서로 놀리고 장난치고 편지를 주고받는다. 그리고 함께 지구별에서 오백 년 뒤, 랑랑별에서 오백 년 전인 보탈이네 별로 가서 과학과 산업이 발전한 사회를 본다. 이 세 별에서 살아가는 모습을 보고 랑랑별처럼 오래된 우리 농사 기술로 논밭을 가꾸며 사는 미래를 꿈꾼다.

『산골 아이 나더덕』은 원유순 작가가 살고 있는 마을 이야기다. 몇 년 전에 교직을 퇴임하고 산골에 들어가 살고 있는 작가는 도시를 떠나 산골 마을에 들어와 사는 이웃 사람들의 이야기를 아기자기하게 엮어 놓았다. 도시에서는 은영이라고 부르던 이름도 더덕을 좋아한다고 더덕으로 바꾼 주인공이 바라보고 꿈꾸는 세상은 자연과 함께 농사를 지으면서 살아가는 삶이다.

『아파트 옆 작은 논』도 작가 김남중의 경험이 잘 배어나는 작품이다. 몸이 아파 더 이상 혼자 농사를 지을 수 없게 된 노동식 할아버지가 지켜 온 아파트 옆 작은 논을 도시 아파트 주민들이 빌려서, 함께 벼농사를 지으면서 살아가는 일 년을 자세히 그려 놓았다. 도시 사람들이 도시에서 살면서 농사를 짓는 모습은 텃밭 농사에서 한 걸음 더 나아간 모습이다. 도시와 농사를 상극이 아니라 상생으로 가는 희망으로 표현하였다. 랑랑별처럼 우리 사회 전체가 농업 사회로 가는 길, 나더덕이네 마을처럼 도시를 떠나 농촌 공동체를 되살리는 길, 도시 사람들 생활의 하나로 농사를 끌어들이는 길, 이 세 가지 길 모두 우리가 미래를 지킬 수 있는 길이다.

산골 아이 나더덕
원유순 글 / 웅진주니어

97

더불어 사는 마음을 기르는 책 1

이웃과 더불어 사는 마음을 담은 그림책이나 동화가 많이 나오고 있다. 모두가 더불어 평화롭게 사는 세상은 사자가 함께 뛰어노는 초원을 묘사한 성경에서 볼 수 있듯이 인류가 오래전부터 꿈꾸어 온 에덴동산이다. 불교에서는 극락 세상이고, 우리 겨레말로는 하늘 세상이다. 사실 조금만 돌아보면 이웃과 다투며 살아가는 사람보다는 더불어 살아가는 삶이 더 보편적인 삶이며, 그런 사람들이 훨씬 더 많다. 무엇보다 그런 삶이 더 좋다는 걸 대부분 알고 있다.

『나무집』(마리에 톨만·로날트 톨만 글, 여유당)은 글자 한 자 없는 그림책이다. 나무 위에 집이 한 채 있다. 곰 한 마리가 배를 타고 오고, 또 한 마리가 와서 등을 맞대고 책을 보고, 홍학이 떼로 날아오고, 코뿔소가 오고, 판다가 오고, 하마가 오고……. 모두가 평화롭게 나무집에서 산다. 그러다 하나둘 떠나고, 마지막 장면은 곰 두 마리만 남아서 하늘에 있는 둥근 달을 바라본다. 말이 없지만 그림만으로도 삶을 아름답고 정겹게 보여 준다.

『강 너머 저쪽에는』(마르타 카라스코 글·그림, 김정하 옮김, 시공주니어)을 보면 남북 분단이 떠오른다. 두 마을은 철조망 대신 강이 가로질러 흐르고, 두 마을은 서로에 대한 편견과 증오와 허위의식으로 가득 차 있다. 두 아이는 꿈꾼다. 우리가 어른이 되면 그 강에 다리를 놓고 서로 하루에 수백 번이라도 오고 가게 하겠다고. 그 꿈은 곧 우리 겨레의 꿈이기도 하다.

『새 친구가 이사왔어요』(레아 골드버그 글, 슈무엘 카츠 그림, 박미영 옮김, 주니어 RHK)는 이스라엘 그림책이다. 아름다운 골짜기에 암탉과 뻐꾸기와 고양이와

다람쥐와 생쥐가 살고 있는 5층 집이 있다. 생쥐가 떠나고 비둘기가 이사를 오
게 되는 과정을 통해 함께 산다는 것이 무슨 의미인지를 잘 보여 준다. 이스라
엘에서는 어린이를 위한 연극으로도 만들어져 세계 순회공연을 하는데, 연극
또한 더불어 사는 마음에 대해 잘 표현하고 있다.

『장갑』(에우게니 M. 라쵸프 글, 이영준 옮김, 한림출판사)은 우크라이나의 옛날이
야기인데, 더불어 사는 마음이 이처럼 잘 나타난 그림책도 드물 것 같다. 1994년
처음 출판되었을 때의 감동이 지금도 생생하다. 하얀 눈길에 떨어진 장갑 한
짝에 숲 속 짐승들이 하나 둘 모여서 함께 추위를 피하는 모습이 아름다운 상
상력을 키워 주었다.

이웃과 더불어 사는 삶은 인류가 지향해야 하는, 그리고 절대 잊어서는 안
되는 보편 가치다. 더불어 사는 참교육을 할 수 있는 가장 좋은 길이 바로 이런
미감을 살리고, 이런 마음을 길러 줄 수 있는 좋은 그림책들을 어린이 마음속
에 씨앗처럼 심어 주는 거라고 생각한다.

나무집
마리예 톨만·로날트 톨만 글 / 여유당

98

더불어 사는 마음을 기르는 책 2

그림책들이 더불어 사는 삶을 아름답게 보여 준다면 동화는 치열하게 보여 준다. 치열하게 보여 준다는 뜻은 현실에서 살아가는 모습을 생생하게 보여 주면서, 그 삶에서 겪는 문제나 갈등을 극복해야 하기 때문이다.

『똥 선생님』(윤태규 글, 장순일 그림, 고인돌)은 초등학교 교장인 글쓴이가 학교 현장에서 겪은 이야기를 바탕으로 어린이들한테 하고 싶은 이야기를 동화로 쓴 단편 모음이다. 그 가운데서 「똥 누고 가는 집」은 작가 스스로 퇴임하고 나서 어린이들을 위해 마을을 만들어 살고 싶은 집이다. 아이들이 학교를 오가는 길에 들려서 놀고, 텃밭에서 가꾼 간식도 먹고, 책도 보고, 옛날이야기도 들으면서, 똥오줌도 누면서 함께 더불어 사는 꿈이 담겨 있다.

『수민이의 왕따 탈출기』(문선이 글, 푸른책들), 『양파의 왕따 일기 1, 2』(문선이 글, 박철민 그림, 파랑새)는 초등학교 어린이들이 서로 상처를 주고 상처를 받는 왕따가 어떻게 일어나는지, 그 때문에 서로가 얼마나 상처를 받을 수 있는지, 그런 문제를 해결하고 함께 더불어 사는 길을 찾으려면 어떻게 해야 하는지를 잘 보여 주고 있다. 10세 전후에 형성되는 또래 집단의식이나 타인을 배려하는 제3 조망 의식이 잘 어우러지면서 자랄 수 있도록 부모와 교사들이 비상한 관심을 가져야 하지만 동시에 이러한 문학을 통해 어린이들 스스로 자아가 성숙할 수 있는 힘을 길러 주어야 한다.

『비정규 씨, 출근하세요?』(더작가 글, 사계절)는 '더 나은 세상을 꿈꾸는 어린이책 작가 모임 글(더작가)'과 사계절 출판사가 손잡고 만든 책이다. 산업화와 경제성장이 가져온 문제 가운데 하나가 그 성과에 대한 분배가 제대로 안 된다는 것이다. 양극화라는 이 문제는 더불어 사는 삶을 위협하는 가장 큰 문제다. 이러한 문제를 생활 중심으로 잘 살펴서 동화로 구현하였다.

『밤에 수영하는 아이들』(베치 바이어스 글, 갈현옥 그림, 김영욱 옮김, 한림출판사)은 미국 사회에서 일어나는 계층 갈등을 보여 주면서도 그 갈등을 어떻게 해소해 나가야 하는지를 제시하고 있다. 누나와 두 남동생과 이웃 사람들 사이에 일어나는 미묘한 갈등을 섬세하고 밀도 깊게 그려 낸 작품이다.

어린이들은 생활 경험을 폭넓게 하기 어렵기 때문에 독서를 통한 간접경험이 풍부할수록 좋다. 여러 사람들이 살아가는 방식과 갈등을 해결하는 과정을 살펴볼 수 있기 때문이다. 학교나 마을에서 또래 동무들이나 이웃과 어떻게 살아가야 하는지를 생생하게 잘 보여 주는 책을 골라 읽을 수 있다면 많은 도움이 될 것이다.

수민이의 왕따 탈출기
문선이 글 / 푸른책들

99

더불어 사는 마음을 기르는 책 3

어린이들은 현실을 생생하게 보여 주는 책도 좋아하지만 동시에 마음껏 상상의 나라로 들어갈 수 있는 책도 좋아한다. 의인 동화나 공상 동화는 현실에서 해결하기 어려운 문제도 쉽게 해결할 수 있고, 다른 사물이나 생명체한테 사람과 같은 평등한 인격을 부여할 수 있기 때문에 어린이들의 눈과 마음을 넓히는 데 많은 도움이 된다.

『내 이름은 모험을 끝내는 법』(윤아린·안수연·유수현 글, 이경국·김홍모·김소희 그림, 웅진주니어)은 제5회 웅진주니어 문학상 단편 수상작 모음이다. 그 가운데 「괴물 난동 사건의 진실」(안수연)은 사람과 괴물이 함께 살 수 있는 길을 찾는 과정이다. 괴물은 사람 눈으로 볼 때 괴물이지 괴물 눈으로 볼 때는 사람이 괴물이다. 서로에 대한 오해와 편견을 벗어던지고 만날 때 이웃이 될 수 있고, 더불어 살 수 있는 길이 열린다.

『파란 수염 생쥐 미라이』(창신강 글, 전수정 옮김, 보림)는 중국 창작 동화다. 학자가 살고 있는 전원주택에 살고 있는 생쥐 미라이가 주인공이다. 생쥐의 눈으로 보는 인간 세상, 생쥐와 생쥐 부족 사이에서 일어나는 다툼, 인간 어린이와 생쥐 미라이가 만나는 과정, 인간과 생쥐가 서로를 인정하고 함께 살자는 결정을 내리는 과정이 재미있게 펼쳐진다. 서로가 다른 관점에서 본다는 것이 어떤 것인지를 이해하는 데 도움이 된다.

『머피와 두칠이』(김우경 글, 지식산업사)는 개들이 사람들한테 얼마나 나쁜 대우를 받고 있는지, 그것이 개들을 얼마나 슬프고 힘들게 하는지를 두칠이라는 개를 통해서 보여 주고 있다. 끝내 두칠이는 한여름 보신탕 거리로 팔려 가야 하는 같은 처지에 놓인 개들과 탈출해서 산 속에서 자기들끼리 살아간다. 개들이 주인공이지만 사람 사는 이치와 견줄 수 있고, 사람과 개가 어떤 관계를 맺어야 하는지도 생각해 보게 한다. 김우경의 또 다른 작품인 『맨홀장군 한새 1, 2』(김우경 글, 오승민 그림, 문학과지성사)와 『검정소금 붉은도깨비 1, 2, 3』(김우경 글, 장순일 그림, 고인돌)은 사람과 다른 동물들이 함께 더불어 사는 세상을 추구하고 있는 장편 동화다. 『맨홀장군 한새』의 주인공인 한새는 여자 어린이다. 세계동물회의에 우연하게 사람 대표로 참석하게 된 한새가 동물들한테 듣는 잘못된 사람들 이야기는 현재 지구촌에서 동물을 학대하고 있는 사람들의 행동이 얼마나 큰 잘못인지를 보여 주고 있다. 지구가 평화를 유지하려면 사람들이 자기 잘못을 깨닫고 다른 동물에 대한 태도를 바꿔야 한다는 걸 강조하고 있다. 『검정소금 붉은도깨비』의 주인공은 '이름'이다. 성이 남씨라서 '남이름'이다. 이름 때문에 동식물들과 자연스럽게 관계를 맺는 과정이 재미있다. 나아가 모든 동식물을 살리기 위해 지하 세계를 다니며 모험을 하고, 현실 세계와 공상 세계를 넘나들면서 모든 생명체들이 평화롭게 더불어 사는 세상을 만들기 위해 앞장선다.

의인 동화나 공상 동화에서는 어린이들이 지구를 구하고, 동물이나 식물들한테 인류가 저지른 잘못을 사과하고, 평화로운 세상을 만드는 주인공이 된다. 어린이들이 책 속에 풍덩 뛰어 들어가 스스로 자신을 주인공과 동화시켜

서 모험을 하고, 문제를 해결하는 사이에 자기도 모르게 더불어 사는 진리와

지혜를 마음속에서 싹 틔우게 될 것이다.

파란 수염 생쥐 미라이

창신강 글 / 보림

100

내가 다시 태어난다면?

윤회는 불교 사상이라고 하지만 인류가 오랫동안 꿈꾸고 믿어 온 사상이다. 이집트에서 파라오들을 미이라로 만든 까닭은 육신의 부활을 믿었기 때문이다. 육신의 부활은 기독교에서 믿는 사상이다. 우리 겨레 민속 신앙에서는 이승과 저승을 오가면서 사는 주인공들이 많다. 근현대 과학에 숨이 막히도록 억눌리기 전에는 너무나 당연한 사상이었다고 볼 수 있다. 현대 인류는 과학 지식을 얻었지만 이 때문에 부활이나 윤회를 믿지 못하게 되었다. 과학 지식과 영원히 살 수 있다는 믿음, 두 가지 가운데 무엇이 인류에게 더 풍부한 삶을 살 수 있게 해 줄까? 아무리 과학 지식으로 무장을 했다고 하더라도, '내가 다시 태어날 수 있다면?'이라는 꿈을 송두리째 빼앗아 갈 수는 없다. 그런 꿈마저 몽땅 빼앗긴다면 그 사람 마음이 얼마나 황폐해질지 자명하기 때문이다.

『큰엄마』(김점선 글·그림, 꼬마샘터)는 글쓴이가 어려서부터 따르던 큰어머니에 대한 이야기다. 사랑하는 남편을 일찍 여의고 평생을 그리며 살아온 큰어머니는 죽으면 학으로 다시 태어나고 싶다고 한다. 글쓴이한테 큰아버지가 학이 되어서 기다리고 있고, 남쪽 바닷가 소나무에 살고 있다가 자신이 죽으면 데리러 온다고 말한다. 이 말은 평생 마음속에 담고 살아온 희망이라고 할 수 있다. 죽으면 학이 되고, 물고기가 되고, 풀꽃으로 다시 태어날 거라는 마음으로 살아가는 사람이 남을 해치거나 자연에서 살아가는 다른 생명을 애꿎게 해칠 까닭이 없다. 우리 조상들은 땅에다 뜨거운 물도 함부로 버리지 않았다. 작은 벌레나 풀들이 놀라거나 다칠까 봐.

『잃어버린 미투리 한 짝』(윤영선 글, 강소희 그림, 웅진주니어)은 제5회 웅진주니어 문학상 수상작인데, 역사 실화를 바탕으로 새로운 상상력을 풍부하게 이끌어 냈다는 점이 높게 평가받았다. 칠복이라는 주인공이 다시 태어나기 위해 애쓰면서 자기의 전생이 단종이었다는 걸 깨닫는 과정인데, 작은 아버지인 수양대군한테 왕위를 빼앗기고 강원도 영월로 유배를 가는 단종, 그리고 끝내 죽음에 이르는 역사를 애잔하게 그려 놓았다. 단종이라는 비운의 왕과 칠복이라는 천민의 삶을 견주어 생각하면서, 지금의 나를 돌아보게 한다.

『나는 코끼리였다』(이용포 글, 이윤희 그림, 우리교육)는 윤회와 환생을 소재로 삼아 쓴 동화다. 주인공은 여러 가지 생명으로 태어났다가 죽으면서 그때마다 다음 생에서는 사람으로 태어나고 싶다고 기도한다. 그런 간절한 기도로 아홉 번이나 다시 태어난다. 그런 걸 모르는 주인공은 사람으로 사는 게 너무 힘들어 자살까지 생각하다 전생을 돌아보게 되었다. 주인공은 자기가 전생에서 아홉 번이나 죽었다 다시 태어나는 과정을 돌아보게 된다. 그리고 죽을 때마다 사람으로 태어나기를 간절히 소망하지만 제비, 생쥐, 코끼리였다는 걸 알게 된다. 조선 태종 때 코끼리로 살았던 전생과 지금 자신의 삶을 돌아보면서, 자신이 지금 얼마나 간절한 소망으로 다시 태어난 삶을 살고 있는지를 깨닫는다.

『당산 할매와 나』(윤구병 글, 이담 그림, 휴먼어린이)는 현실에서 나와 자연이 어떤 관계를 맺고 있는가를 보여 준다. 당산 할매는 사람이 아니라 수백 년 된

당산나무다. 그 당산 할매를 나로 여기고, 내가 당산나무가 되는 자연과의 일치감, 생명과 나눔의 조화를 생각해 보게 하는 그림책이다. 글쓴이가 대학교수를 그만두고 농촌 공동체를 만들려고 이곳저곳 살피러 다니다 변산 구름뫼 골짜기에서 이 당산나무를 보고 일체감을 느끼게 되었고 그곳에 자리를 잡게 되었다고 한다.

나는 우리 겨레가 가지고 있던 자연과 내가 하나라는 걸, 사람으로 태어나는 일이 얼마나 소중한 일이라는 걸, 모든 생명은 한 형제처럼 목숨을 나누면서 산다는 걸, 우리 어린이들이 깨닫고, 그런 마음가짐을 이어 갔으면 한다.

잃어버린 미투리 한 짝
윤영선 글 / 웅진주니어

101
모든 걸 새롭게 보는 눈

책을 보는 즐거움 가운데 하나가 고정관념을 깨는 거라고 할 수 있다. 많은 사람들이 공통으로 생각하고 있는 것, 나쁘거나 좋다고 배워 왔던 것, 어떤 말이 갖고 있는 느낌이나 생각 한 가지가 깨지면서 새로운 눈으로 보는 것도 즐거움 가운데 하나다.

『눈』(이보나 흐미엘레프스카 글·그림, 이지원 옮김, 창비)은 다양한 눈을 보여 주는 그림책으로, 책을 펼치면 두 눈만 보인다. 한 장을 넘기면 꽃 두 송이가 나오고, 그다음 장에는 현관문이 나온다. 자동차가 나오기도 하고, 괘종시계가 나오기도 한다. 그림을 이용한 낱말 잇기나 수수께끼를 이어 가는 말놀이 같은 재미가 있다. 한 가지 사물을 고리로 삼아 다양한 모습을 보여 주면서 독자의 상상력을 이끌어 간다.

『선 따라 걷는 아이』(크리스틴 베젤 글, 알랭 코르크스 그림, 김노엘라 옮김, 꿈교출판사)는 단순한 선과 색과 도형 사이로 걸어가는 아주 작은 아이를 따라가는 이야기다. 그다음 장에서는 아이가 어떤 벽에 부딪힐지 궁금하다. 그 벽을 넘어서고 새로운 모습을 보일 때마다 즐겁다. 그리고 마지막 부분에서 위기가 오히려 새로운 세상으로 바뀌는 장면에서 마음이 놓이게 된다. 그리고 사방치기 놀이를 하러 뛰어 나가는 모습에서 해방감을 느끼게 된다.

『나 진짜 곰이야』(브라이언 와일드 스미스 글, 서애경 옮김, 현북스)는 곰이 사람들 사이로 마음껏 돌아다니는 그림책이다. 사람들이 사는 도시를 잎도 하나 없는 나무로 가득 찬 숲으로 본다거나, 누구도 곰을 보고 곰이라고 보지 않고 가면 놀이로 보는 시선들이 재미있다. 현대를 살아가는 모든 사람들은 이 책에 나오는 곰이 아닐까 싶다.

『꽃괴물』(정성훈 글·그림, 한솔수북)은 '꽃'과 '괴물'이라는 전혀 다른 두 가지 말, 느낌이나 호감도가 다른 두 말을 더해서 한 낱말로 만들었다. 불을 뿜는 괴물 가슴에 꽃이 들어갔다. 불 대신에 꽃을 내뿜는 괴물이 되었고 사람들이 좋아했다. 사람들을 더 즐겁게 해 주려고 꽃 대신 불을 내뿜었다가 쫓겨난다. 슬퍼진 괴물은 생각하다 원래 내뿜던 불과 가슴에 담아 두고 싶은 꽃을 합해서 불꽃놀이를 만들어 냈다. 『꽃괴물』은 어디에서도 괴물이라는 말은 없다. 나라는 주인공만 있다. 사실 누구나 자신을 괴물이라고 생각하지 않는다.

책장을 넘길 때마다 새로운 생각을 만날 수 있는, 인간이 갖고 있는 편견이나 오만이나 고정관념을 깨 주는, 전혀 다른 느낌을 주는 말을 붙이거나 새로운 뜻으로 생각해 보게 하는 그림책들이 많이 나오고 있다. 이런 그림책들이 많아질수록 어린이들의 삶이 그만큼 더 풍요로워질 수 있을 거라고 생각한다.

눈
이보나 흐미엘레프스카 글 / 창비

좋은 동시 세계와 기타 좋은 책

저자 소개

이주영

 경민대학교 독서콘텐츠학과 겸임교수. 서울에 있는 초등학교에서 33년 동안 어린이들을 가르치고, 2011년 2월 교장으로 명예퇴임했다. 어린이독서운동을 하는 사단법인 어린이도서연구회 전임 이사장, 현 한국글쓰기교육연구회 이사, 한국어린이문학협의회 회장 겸 계간 《어린이 문학》 편집인이며, 어린이문화연대 대표다. 백석대학교 기독교전문 대학원에서 「이오덕 어린이문학론」으로 박사학위를 받았고, 『이오덕, 아이들을 살려야 한다』, 『책 사랑하는 아이 부모가 만든다』(eBook), 『이오덕 어린이문학논쟁사-참된 어린이문학으로 가는 길』(eBook), 『삐삐야 미안해』, 『아이코, 살았네!』를 썼다.

김은숙

 경민대학교 독서콘텐츠학과 전공심화 4학년. 아이 둘을 키우는 엄마, 어린이 책에 대한 공부를 하는 학생으로 방과 후 독서논술 선생님이다. 오랜 시간 어린이 책에 대한 공부를 하면서 어린이들과 함께 책에 대한 이야기도 나누고, 어른들에게 좋은 어린이 책을 소개해 주고, 어린이들이 좋은 책을 읽을 수 있도록 작은 도움을 줄 수 있는 사람이 되기 위해 공부하며 실천하고 있다.

다양한 주제로 그림책 만들기 2 | 독도에 관한 책을 권하자 2 | 장애아와 함께하는 삶 2 | 사람과 개 2 | 좋은 도감을 소개해 주자 2 | 6·25 동란의 아픔이 담긴 동화 2 | 가까운 우리 역사가 담긴 동화-4·3, 4·19, 5·18을 담은 동화 | 인권을 생각하게 하는 동화 | 가족 이야기 | 다른 가족 이야기-다문화 | 우정이 담긴 동화 2-왕따 이야기 | 인성 교육의 씨앗이 되는 동화

김수정

출판의 꿈나무를 키우고 있는 경민대학교 독서 문화컨텐츠과 전공심화 3학년. 서점에서 2년 일했고, 현재는 어린이 책 출판 마케팅 분야에 대해 공부하고 있다. 또 다른 관심 분야는 중국으로, 중국에 직접 가서 공부한 적은 없지만 중국어를 공부하면서 여러 유학생 친구를 사귀고 싶어 한다.

체험 학습 가기 전에 읽는 책

박수빈

경민대학 독서 문화콘텐츠과 전공심화 3학년. 어린이에게 많은 관심과 사랑을 가지고 있고, 어린이들이 어릴 적 마음을 잊지 않고 자라는 어른이 되기를 바라며, 어린이가 즐겁게 하하 웃고 신나게 놀 수 있는 세상을 만들고 싶어 한다. 현재는 한국교육방송에서 일하면서 학교를 다니고 있다.

비밀 이야기가 담긴 동화

찾아보기

책 사랑하는 아이 부모가 만든다

ııııııııııııııııııı 책 사랑하는 아이 부모가 만든다

책 사랑하는 아이 부모가 만든다